数字化转型落地的
50个关键问题

刘 通◎著

化学工业出版社

·北京·

内容简介

《数字化转型落地的50个关键问题》一书，针对数字经济时代背景下企业数字化转型的迫切需求，深度融合了前沿的数据科学技术与科学的数据管理方法。该书通过经典的问答形式，系统阐述了数字化思维认知、数字化战略规划、数字化技术开发、数字化管理体系构建以及数字化产业应用等核心内容，深入剖析了企业在数字化转型实践中所涉及的关键技术概念、理论精髓与实战方法。

本书内容涵盖了当前数字化产业与应用主题，从管理、业务、技术等多重维度出发，为企业数字化转型的落地实施提供了一套丰富且有价值的知识体系与实操指导建议。它不仅是一本适用于数字化转型进程中企业管理者、业务专家的行业参考宝书，也是支撑数字化场景建设的数据管理人员和技术研发人员不可或缺的案头工具书。此外，本书还可作为高等院校数据科学相关专业的教学辅助资料。

图书在版编目（CIP）数据

数字化转型落地的50个关键问题 / 刘通著． -- 北京：化学工业出版社，2024. 11． -- ISBN 978-7-122-32456-6

I. F272.7

中国国家版本馆CIP数据核字第2024ZZ0289号

责任编辑：刘　丹　　　　　　　　装帧设计：仙境设计
责任校对：李　爽

出版发行：化学工业出版社(北京市东城区青年湖南街13号　邮政编码100011)
印　　装：三河市双峰印刷装订有限公司
710mm×1000mm　1/16　印张14½　字数200千字　2025年1月北京第1版第1次印刷

购书咨询：010-64518888　　　　售后服务：010-64518899
网　　址：http://www.cip.com.cn

凡购买本书，如有缺损质量问题，本社销售中心负责调换。

定　　价：88.00元　　　　　　　　　　　　　　　　　　版权所有　违者必究

前言

随着物联网、大数据、人工智能技术的迅速发展，数字经济逐渐成为世界经济的重要组成部分，数据也成为继土地、劳动力、资本、技术之后的第五大核心生产要素，在经济增长中发挥出不容忽视的倍增效应。数字化转型，对于企业来说，已经不再是一道选择题，而是一道值得深度审视与思考的必答题。

数字化转型不只是热门的技术话题，而是一个包含了复杂业务规划和企业管理的跨学科、跨领域的综合性任务，企业数字化转型继承了来自早期信息化时代的技术架构和工作任务，同时又融入了很多大数据时代独有的内涵，将数据作为生产力，挖掘数据价值，对业务和管理实现创新赋能。数字化不是在老的业务框架中提速，而是致力于创造"新事物"，构建"新应用"，打造"新模式"，甚至激发市场的"新需求"。尽管企业数字化转型的具体实施过程是相对连续的，但是对于企业的影响是非线性的、颠覆式的、变革式的。

"数字化"天然携带着关于创新的使命，因此企业的转型工作势必要打破很多传统的方法和模式，企业的技术架构、业务架构、组织架构都需要与数字化转型的新目标相适应。每个企业在转型的实践道路中都是非常独特的样本，其各自的数据管理成熟度、数据资源基础、业务经营水平以及行业属性特征均具有很大的差异，因此，各企业需要在特定的外部环境约束中积极探索出符合自身发展条件和发展规律的转型路径。

现如今，与数字技术自身的发展成熟度相比，大多数企业数据要素的潜能还远未被充分挖掘。与此同时，在有效管理数据资源、深度挖掘数据价值、构建高性能数字应用系统等方面，很多企业仍处于观察期或探索期，数字化技术的大规模普及和深化应用仍然有很长的道路要走。从整个宏观产业环境来看，对于如何进行转型在业界尚无标准答案，也没有教科书式的理论框架。

因此，我们迫切需要一套具有指导意义的方法论来指导各企业的转型工作有序开展，降低企业在转型过程中遇到的业务风险和管理困境，让企业手持"知识利器"，更有勇气和信心地加入数字化转型的大浪潮中。

当前，在诸多数字化转型的实践案例中，我们先后积累了大量颇有价值的产业经验和实践方法，也逐步形成了很多标准化和规范化的工作思路和落地模式。本书旨在全面地总结、提炼在企业数字化转型工作中的核心管理与技术概念，构建一套涵盖数字化思维、数字化战略、数字化技术、数字化管理、数字化应用等多视角、多层次的相对通用的知识体系，为企业的管理者和转型决策者提供科学的转型范式参考，也让更多对数字化感兴趣的朋友更深入地理解数字化的内涵，并着手开始一场真正的变革之旅。

著者

目录

第一章　数字化认知篇　01

第 1 问：数字化转型，到底在"转"什么　02
第 2 问：数字化转型包括哪些工作步骤　06
第 3 问：数字化与信息化、智能化有什么不同　10
第 4 问：数字化转型就是建设软件系统吗　14
第 5 问：数字经济的三大定律是什么　17
第 6 问：数字化转型都有哪些发展阶段　21
第 7 问：如何区分数字产业化和产业数字化　25
第 8 问：数据、信息、知识、智能有什么不一样　29
第 9 问：数字化转型一定要懂技术吗　34
第 10 问：数字化转型可以解决企业哪些痛点　37

第二章　数字化战略篇　41

第 11 问：数字化转型为什么是"一把手"工程　42
第 12 问：小微企业也要做数字化转型吗　44
第 13 问：中小企业数字化转型的困境是什么　49
第 14 问：大型非数字原生企业数字化转型的困境是什么　52

第 15 问：企业应该如何获取"数字化"管理能力　58

第 16 问：企业应该如何获取"数字化"技术能力　62

第 17 问：数字化转型如何做到"以人为本"　69

第 18 问：影响数字化转型成功的关键因素都有哪些　73

第 19 问：如何科学衡量企业数字化转型的成熟度　77

第 20 问：OKR 为什么适合推动数字化转型落地　82

第三章　数字化技术篇　**87**

第 21 问：中台和数据中台是不是一回事　88

第 22 问：数字化转型涉及哪些学科内容　94

第 23 问：为什么说互联网、大数据、人工智能是数字化的三驾马车　99

第 24 问：数据库、数据仓库、数据湖、数据中台有什么不一样　103

第 25 问：数据获取有哪些主要的技术手段　110

第 26 问：数据分析有哪些常用方法　114

第 27 问：大数据技术包括哪些内容　119

第 28 问：常见的软件应用架构有哪些　125

第 29 问：工业物联网和工业互联网是一回事吗　130

第 30 问：数字孪生就仅仅是仿真吗　134

第四章　数字化建设篇　**141**

第 31 问：数字化转型中，企业如何构建数据体系　142

第 32 问：数字化 IT 项目的标准化流程是怎样的　146

第 33 问：数字化时代的软件系统与信息化时代有何不一样　149

第 34 问：数据治理、数据管理、数据管控有什么不一样　153

第 35 问：什么是元数据管理　　　　　　　　　　　　157

第 36 问：什么是主数据管理　　　　　　　　　　　　161

第 37 问：为何要构建数据标签和数据指标体系　　　　166

第 38 问：如何设计出有价值的数字化应用　　　　　　170

第 39 问：如何理解云原生与业务上云　　　　　　　　175

第 40 问：低代码是什么，为何对数字化转型尤为重要　179

第五章　数字化应用篇　　　　　　　　　　　183

第 41 问："互联网+"属于数字化创新吗　　　　　　　184

第 42 问：5G 技术带来哪些创新应用机会　　　　　　　188

第 43 问：人工智能到底可以做哪些事　　　　　　　　192

第 44 问：AI 大模型到底有什么用　　　　　　　　　　195

第 45 问：到底什么是云网融合　　　　　　　　　　　199

第 46 问：如何理解数字碳中和　　　　　　　　　　　203

第 47 问：数字化在消费行业有哪些应用　　　　　　　207

第 48 问：数字化在医疗领域有哪些应用　　　　　　　212

第 49 问：数字化在制造业行业有哪些应用　　　　　　216

第 50 问：数字化在金融领域有哪些应用　　　　　　　220

第一章

数字化认知篇

第1问
数字化转型,到底在"转"什么

随着物联网、大数据、AI、虚拟现实、区块链这些新技术在越来越多的行业和应用场景中深入应用,数字化转型无疑已成为社会发展的新兴热点,并引领着产业变革的大潮。无论是根基深厚的传统大型企业,还是正面临市场激烈竞争与业务拓展挑战的中小企业,又或是初露锋芒的新兴创业团队,都将目光投向了数字化转型,并将数字化转型看作企业价值增长的新战略和新机遇。

那么,到底什么是数字化转型,企业进行数字化转型到底在转什么?

关于数字化转型有以下有代表性的定义,例如:

"数字化转型指通过新一代数字技术的深入运用,构建一个全感知、全联接、全场景、全智能的数字世界,进而优化再造物理世界的业务,对传统管理模式、业务模式、商业模式进行创新和重塑,实现业务成功。"

——华为《行业数字化转型方法论白皮书2019》

"数字化转型指利用数字化技术(例如云计算、大数据、移动、社交、人工智能、物联网、机器人、区块链等)和能力来驱动组织商业模式创新和商业生态系统重构的途径和方法。其目的是实现企业业务的转型、创新、增长。"

—— IDC(国际数据公司)

实际上,理解数字化转型并不复杂,关键在于把握几个核心要素。首先是数字化技术的应用,包括云计算、大数据、人工智能等前沿科技;其次是模式创新,这要求企业采用全新的方式来组织生产力,并驱动经营活动的变革;最后是价值创造，它体现在企业综合竞争力的显著提升以及业务的持续增长上。

其中，数字化技术是转型的工具，模式创新是实现转型的关键方法，而价值创造则是我们期望达成的效果。数字化转型所转的内容主要在"模式创新"这一层，即数字化技术给企业经营活动带来的变化，数字化技术如何深刻改变企业的经营活动。这些变化广泛涉及管理方式的革新、能力结构的优化以及组织形式的重塑，这些都可以从数字化转型的总体目标中看出来（见图1）。

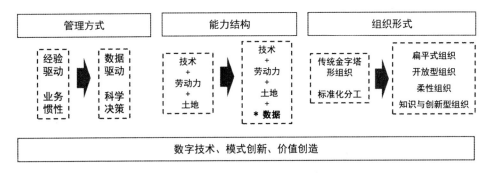

图1 数字化转型的总体目标

1. 转管理方式

首先，企业数字化转型会转变其管理决策方式，使企业在经营管理中更加重视数据和信息的价值。在许多传统企业，管理者的业务决策往往依赖于对市场的直觉判断和基于行业经验的自信。面对复杂的业务问题，管理者容易过度依赖主观因素，这可能产生误导性的分析结论。

通过引入先进的数据管理方法和相应的管理信息系统，企业能够更便捷地为管理者及业务人员提供综合的数据服务。在业务活动中，企业可以用数据说话，而非仅凭直觉。数据为业务决策提供了更加科学、客观的信息依据，有助于组织中不同团队、不同人员对业务现状和发展趋势形成一致性的理解和认知，进而增强凝聚力、协作力和执行力。

这种以数据为驱动的管理方式背后蕴含着"科学管理"的理念。唯有科学管理，才能有效降低各种管理风险，使企业更好地应对市场复杂多变的竞争挑战。

数字化的管理方式还使得成功的商业模式变得可复制、可拓展。一家门店的成功可能源于一名优秀的店长，但100家门店的成功，必然依托于可批量复制的产业"最佳实践"。数据将这些"最佳实践"固化，作为内部标准化的工作流程，信息系统与人形成了一套"共生系统"。一方面，人的优秀经验不断在信息系统中沉淀，推动系统中的方法、工具、流程、知识不断进化；另一方面，系统也持续积累、集成所有人的智慧和能力，与标准化管理相结合，使人的宝贵经验真正成为企业能够长期保留的资产，有效解决"新人跟不上，老人留不住"的难题。

2. 转能力结构

数字化企业在能力结构上与传统企业存在显著差异。转型后的企业拥有全新的生产方式，逐渐在产业竞争中形成强大的优势。对于传统企业而言：

经济产出＝技术＋劳动力＋土地

而对于数字化企业，数据已成为影响经济产出的重要生产要素之一，即：

经济产出＝技术＋劳动力＋土地＋数据

数字化企业将数据视为关键生产要素，不仅依靠高新技术构建行业壁垒，还从数据应用角度提升业务产出能力。数据的本质是知识，通过机器学习、数据挖掘等技术，企业能够从长期积累的业务数据中挖掘有价值的业务知识。这些知识以算法模型或业务规则的形式呈现，与自动化的信息系统相结合，为用户提供创新的数字化服务。

以商超零售行业为例，通过对消费者购买订单的数据进行分析，企业可以洞察商品市场热度、产品品类趋势及消费者购物偏好。基于此，销售门店能更精准地制订订货、补货计划，科学定价，并在店铺选址和活动促销方面获得精准决策支持。

在金融领域，银行利用积累的大量贷款用户信息，通过机器学习算法建立信用评估模型，自动评估贷款申请人的还款能力，从而提高信贷处理效率。

类似地，医疗健康、交通出行、电力生产、外卖订单、网络流量等数据均能反映人们日常生活的方方面面。通过对这些数据的统计分析、建模分析及可视化展示，企业能更深入地理解业务、市场及用户需求，从而提供更加优质、个性化的服务。

未来，不再是人找服务和产品，而是服务和产品主动找人。在数据资源的精准驱动下，企业有望实现个性化的精益生产，提供定制化、人性化的服务。

3. 转组织方式

数字化企业不仅具备更强大的管理运营能力和业务创新能力，还拥有更为高效的组织架构。当企业成功整合数据资源，并实施标准化、规范化的数据管理时，便实现了知识的共享。知识共享的最大优势在于能够激发企业内部的巨大创新潜力。因此，所有进行数字化转型的企业，其终极目标都是转型为知识型企业——重视知识的积累、分享、演进与创新，最终实现价值的创造。

数字化企业在组织方式上正逐步向扁平化、柔性化转变。凭借丰富的数据积累与知识沉淀，数字化企业既能更好地应对市场的不确定性，又能帮助业务人员从数据中高效挖掘商业洞察。数据的充分开放与共享促进了组织内部各利益相关方以数据为核心，以系统为平台，进行紧密协作，从而加强了职能部门与业务线条之间的融合与交流。在数字化企业中，人才、资源、任务均围绕数据价值链——包括数据、信息、知识、价值发现与价值创造——

进行高效配置与整合。

数字化企业更加聚焦于价值创造的终极目标，而非受限于传统的科层制管理框架。通过定义数据的使用流程与方式，数字化企业灵活而精确地界定了各业务单元的行为准则与职责范围。在 OKR（目标与关键结果）管理理念的指导下，企业营造了一个充满创造力的环境，鼓励员工灵活操作业务，逐步达成子目标，最终共同实现企业的总体愿景。

数字化转型不仅促进了组织内部的创新协作，还增强了企业的外部开放性。数字化企业本质上是开放型组织，它们将高质量的数据与数据服务视为核心资产，对外进行业务赋能，高效整合产业上下游资源。

数据的价值在于应用。通过数据关联、融合与价值交换，不同产业、不同行业的企业能够实现更广泛的合作，共同开拓新业务场景，并催生更多具有潜力的商业机会。

第 2 问
数字化转型包括哪些工作步骤

数字化技术的发展是企业的重大变革机会，企业可以通过数字化转型快速提升经营能力，获得竞争优势。那么，企业应该如何开展数字化转型工作呢？企业在进行数字化转型时需要解决两大类问题，一是数字化体系建设，二是数字化业务创新。

对于数字化企业来说，数字化体系建设属于系统性的基本任务。其目的是让企业建立起科学的数据管理方法，把数据看作企业的重要资产，开展全数据生命周期、全方位的数据治理工作，并面向数据的业务活动建立起规范化、标准化的工作制度和工作方法。数字化体系建设属于宏观的管理层面的工作内容，是为了帮助企业更有效地进行数字化业务创新、数据价值的开发和落地。

数字化业务创新则是建立在规范、完整的数字化体系建设工作之上的。企业如果具有相对成熟的数据管理能力和高质量的数据资源积累，则可以直接在数据资源的基础之上改进业务能力，设计具体的数字化业务场景，并开发相应的数字化业务信息系统。

数字化业务创新是解决当下问题的，直接面向当前企业遇到的业务痛点。如果数字化企业的数据基础并不好，那么企业需要以数据业务创新为契机，在企业内部统一开展数据治理工作，对企业现有的数据工作进行改进和优化。

每个企业的发展状况和发展需求不一样，数字化转型中采取的具体措施也不同。不过数字化转型工作是有一些通用的步骤可以遵循的，下面分别从数字化体系建设和数字化业务创新两个方面来介绍数字化的工作步骤（见图2）。

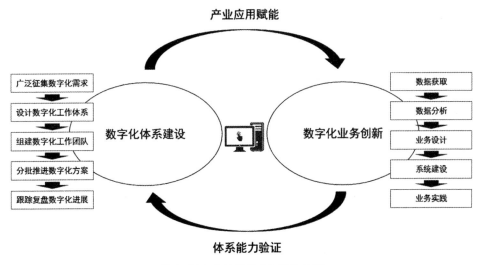

图2 数字化转型的主要工作步骤

1. 数字化体系建设

通过数字化体系建设，企业可以针对所有与数据相关的业务活动建立起全新的、科学高效的组织方式、工作方式及管理方式。这将强化企业的数据理解能力和使用效率，提升企业利用数据进行管理和业务创新的综合能力。数字化体系建设的工作流程如下。

（1）广泛征集数字化需求。企业需要进行综合业务诊断，结合实际经营状况和外部环境变化深入挖掘数字化转型的项目需求。为此，企业可以从内部广泛收集需求和建议，同时引入外部专家顾问，让他们深入了解企业的日常业务工作，共同梳理业务现状。

（2）设计数字化工作体系。在了解业务现状的基础上，企业需要对数字化项目进行顶层设计规划，明确数字化项目的目标、指标和具体工作内容。数字化项目中的各参与方需共同协商、规划数字化转型项目的实施路径，并设计相应的方法、流程、标准、评价指标以及配套技术管理工具，形成具体的工作制度和操作手册，以确保转型工作的有效实施。

（3）组建数字化工作团队。数字化转型是一项跨业务、跨部门、跨团队的复杂工程，需要专人负责推进。因此，企业需要建立专门的数字化转型工作团队。在决策层面，各职能部门的核心负责人应参与到转型工作团队中，共同协商各部门的利益和义务。同时，企业应尽力争取高层领导的特殊关注，以协调组织中的各方资源，克服外界困难，保障项目落地。在执行层面，各部门和具体工作团队也需明确指定业务专员负责数字化项目的协调推进，他们将成为转型中各团队相互配合的"窗口"。

（4）分批推进数字化方案。数字化转型的方法并非完全是设计出来的，而是在实践中不断"试"出来。因此，企业应按照一定优先级循序渐进地开展数字化转型工作。在项目实施期间，部分部门、团队或业务线条将先行按照新的方法和技术工具进行"转型"工作，如数据采集归档、数据质量整改优化、数据资产开发建设、数据基础支撑服务构建等。

（5）跟踪复盘数字化进展。企业需要定期确认数字化项目的工作成效，并对相关执行单位进行考核。同时，企业应将项目实际进展与最初的设计规划进行详细比对，总结经验和问题，并根据实际情况灵活调整工作规划，使转型的具体操作更加契合企业工作实际。通过及时的项目复盘，企业可以动态调整和优化项目工作方案，并在企业中全面推广实施更成熟的工作方案。

2. 数字化业务创新

企业建立起成熟的数据工作方法后，如何进行具体的数字化业务创新呢？我们如何从数据中发现价值并为企业创造价值呢？下面将介绍一套标准的数字化业务流程。

（1）数据获取。数据可源自企业内部经营活动，也可通过外部信息渠道获得。为此，许多数字化企业会设立专门的数据部门或大数据团队，负责整合与管理企业所能触及的各种类型的数据资源。企业还要进行数据的清洗和预处理，确保数据资源的可用性、准确性和可靠性。

（2）数据分析。为了让数据发挥价值，必须对其进行深入分析，从中挖掘出具有业务价值的信息和知识。数据分析师、数据科学家、算法专家以及其他数据方向的技术人员可以基于大数据和人工智能技术，运用统计分析、机器学习、深度学习等分析方法，从数据中发现重要的业务事实与规律，进而指导企业进行业务优化。

（3）业务设计。业务设计是基于数据分析结果进行的数字化业务应用场景的设计。具体来说，就是定义如何通过数据提高企业的管理运营能力，或者如何基于数据资源提供新的数字创新业务。在业务设计环节，需要明确完整的数据工作流、数据与产品和服务的关系、人与数据系统（机器）的协作关系以及数据所解决的具体业务问题范畴。业务设计既包括工作流程设计，也包括与数字化业务场景相关的技术需求设计。

（4）系统建设。按照业务设计结果开展数据相关的系统开发工作。基于数字化业务的软件应用系统开发需求进行系统的技术方案设计，并开发具体的软件功能和数据应用服务，形成能够满足特定业务需求的数字化技术产品。系统产出结果可以是办公软件、应用平台、服务网站、移动端应用、技术插件、数据服务、可视化数字大屏等多种呈现形式。

（5）业务实践。系统建设完成之后，就可以基于设计的工作流程开展数字化业务实践，如使用新的技术进行业务管理，通过新的算法或模型为用户提供产品推荐或解决方案。该阶段将在新的业务模式下继续收集数据。一方面，基于这些业务数据在一套标准的指标体系下对业务实践效果进行评估；另一方面，新收集的数据可以支撑后续更广泛的数字化业务创新，从而形成数字化业务逻辑闭环。

第3问
数字化与信息化、智能化有什么不同

提到数字化，就不得不提信息化和智能化，这两个概念与数字化紧密相关，它们都涉及数据，但各自拥有独特的内涵。下面我们将深入探讨数字化与信息化和智能化的区别与联系。信息化、数字化和智能化的比较如图3所示。

图 3 信息化、数字化与智能化的比较

1. 数字化与信息化

信息化的话题出现的时间远早于数字化，早在 20 世纪 60 年代就已提出，并在 20 世纪 70 年代后，国际上逐渐开始有了关于信息化的业务实践。信息化所依赖的典型技术包括现代通信、互联网、计算机和数据库等，它与数字化相似之处在于两者都强调业务活动与信息系统的结合应用。

从广义上看，信息化可以被视为数字化的初级发展阶段，但与典型的数字化场景相比，仍存在一定的差异：

在信息化的构想中，重点在于业务的线上化和自动化，通过计算机系统在数据处理和存储方面的优势，辅助人们在日常管理和运营活动中解决工作效率低下的问题。在信息化中，数据主要作为业务的操作对象和执行结果存在；而数字化则将数据视为业务发生的起点和业务活动不可或缺的原料。

数字化关注的是从数据中挖掘新的价值、形成商业洞察、创造新的业务机会，并对现有业务进行升级、改造；相比之下，信息化并不侧重于通过数据进行创新，而是基于既定的业务框架和相对固定的流程来处理数据，利用计算机来辅助实现已经存在的业务逻辑，即在数字环境中重复执行已知的业务解决方案。因此，信息化的本质是业务数据化，数字化的本质是数据业务化。

当前，工业界很多著名的业务信息系统都是信息化时代的产物，例如：

①办公室自动化系统（Office Automation，OA）：将线下的文件转发、流程审批、信息核对等事务性工作转移到线上，提高了事务的执行效率和管理效率，支持远程办公和跨部门协作。

②企业资源计划系统（Enterprise Resource Planning，ERP）：为制造业企业在供应链管理、生产车间维护、财务资金管理、销售与市场管理、人力资源管理等多个维度提供标准化的数据信息服务。

③客户关系管理系统（Customer Relationship Management，CRM）：帮助企业管理者收集、管理和维护客户的基本信息，提供个性化的售前、售中及售后服务，以提升客户满意度。

信息化阶段的软件系统主要侧重于提升人们对大规模、复杂性业务信息的处理效率，优化管理决策，增强业务相关方之间的信息连接，实现"降本增效"，优化业务运营能力。信息化并不改变人们对业务的根本认知，而是在现有认知基础上加速业务执行。

业界有一种流行的观点认为，信息化不涉及深入的数据分析，而数字化则需要进行复杂的数据分析。这种分类虽直观，但并不完全严谨。实际上，信息化阶段的主流信息系统也已开始关注数据分析，数据仓库、OLAP（联机分析处理）等概念在数字化概念流行之前就已存在多年。

信息化的数据分析以统计分析为主，分析模式相对固定，通常针对特定业务主题进行常规分析，侧重于解释业务现状和观察趋势，而非深入挖掘业务规律。这些分析多为离线或交互式，依赖人工引导，主要辅助决策而非直接提供决策建议。相比之下，在数字化应用中，数据分析不仅限于离线场景，还嵌入到在线生产服务中自动执行，通过算法挖掘业务知识，直接提供业务决策结果，如精准营销、服务推荐、路线优化、欺诈交易预警等。

信息化与数字化在数据应用方面实际上是"一脉相承"的，许多数字化应用都是基于传统信息化应用的深度改造和智能化升级。对于大多数企业而言，信息化是数字化的必经之路。企业应先完成信息化建设和业务改造，再逐步迈向数字化，这样的路径有助于形成标准化的业务信息架构，促进业务数据口径的规范和统一；通过自动化快速积累数据，为数字化创新奠定信息基础；提高企业内部人员对数据价值的认识，促进数字化业务的实施；积累通用技术组件，形成技术资源池，为数字应用创新提供技术支持。

2. 数字化与智能化

如果说信息化是数字化发展的必经阶段，那么智能化则是数字化发展的高级形态。所谓智能化，就是让机器像人一样工作，以降低企业的人力成本，同时提高企业的生产效率和服务效率。智能化的核心在于体现人类智慧水平的数字化业务应用，是人工智能技术商业价值的集中展现。

那么，机器是如何获得类似人类的能力呢？

人类在面对特定问题时，会基于已有的操作技能和业务知识进行思考和决策。若机器能够获取这些业务知识，便能展现出类似人类的智能化特征。通过处理大量数据，利用数据挖掘、机器学习和深度学习等技术，机器能够从数据中提炼出有用的业务知识，进而利用这些知识提供智能化的服务，解决实际应用中的问题。

以 ResNet 深度学习算法模型为例，它能够从一个包含千万量级图片资源的 ImageNet 数据库中学习，掌握对图片进行自动分类的能力。数据库中每张图片都标注了对应的类别，这些标注与图片之间的对应关系，即为图片分类任务中至关重要的业务知识。

因此，为了让机器掌握某一方面的人的智能或能力，就需要提供该能力对应的数据库。如何为机器构建一个良好的技术能力学习环境，是人工智能技术发展要解决的重要问题，同时也是推动数字化向智能化迈进的关键因素。

除了图片自动分类，智能化的应用场景还广泛存在于互联网、制造业、医疗健康、新零售、金融等多个领域。例如，互联网应用中的智能抠图、语音转文字、对话翻译、智能客服功能，制造业中生产设备的故障自动预警，医疗健康领域的患者疾病辅助诊断，新零售行业的销量预测与智能选址以及金融行业的自动选股等。

更进一步，当算法与智能硬件终端相结合，便催生了如智能家电管家、无人驾驶汽车、智能制造全自动生产线等机器人产品形态。展望未来，随着数据采集成本的降低、数据处理和管理能力的提升以及人力成本的持续上升，各行各业将涌现出更多创新且实用的智能化产品和服务。

第 4 问
数字化转型就是建设软件系统吗

数字化转型是一个与数字化技术紧密交织的概念，然而，不少企业对数字化转型存在误解，往往将其简化为提升企业数字化技术应用水平或单纯的信息系统建设过程。实际上，数字化转型的核心并非单纯的技术应用或系统搭建，而是聚焦于企业的管理和经营问题，旨在通过有效利用系统来创造价值。

数字化的关键在于通过软件系统对企业的经营模式进行数字化改造，运用软件系统深度改造企业的经营模式，助力企业依托数据驱动经济增长。极端一点来说，即便不依赖系统，企业若能凭借人力进行高效的数据统计与分析，进而优化业务流程，这同样可视为一种有效的数字化实践。

数字化不仅是一种先进的管理与经营方法论，更代表着一种全新的管理理念。它推动企业从传统的"流程驱动"模式向"数据驱动"模式转变，这一变革与当前快速变化的市场环境紧密相连。随着行业产业链的复杂化、新产品与新服务的不断涌现以及用户需求的快速多变，传统管理流程已难以满足市场竞争的需求。因此，从数据中洞察问题、把握机遇、灵活应对，已成为企业管理的必然趋势和有效策略。

很多企业在推进数字化转型过程中，虽投入大量资源建设软件系统，却忽视了业务层面的同步变革。各部门与团队仍沿袭旧有工作模式，系统未能充分发挥作用，数据也未成为决策与业务运作的关键要素。

真正的数字化转型，关键在于企业内部工作方式的根本性转变，而非单纯的技术或系统堆砌。企业应站在"如何有效运用系统"的高度，规划转型路径与工作方法，将"如何发挥数据的最大价值"作为核心考量。

对于多数企业，尤其是中小企业而言，自行开发系统以获取数字化能力可能并非最优选择。在资源有限的情况下，利用现成的软件系统来管理并利用数据，无疑是更为高效与经济的途径，从而避免陷入烦琐的系统开发泥潭。

大致上看，与数字化相关的企业主要分为两类：

一类是天生具备数字化基因的企业，如"互联网+"行业、大数据领域、智能硬件技术行业等。这类企业的核心业务频繁涉及数据处理，它们在数据管理以及基于数据的业务创新方面拥有强大的技术基础。这些企业通常能够自主设计和开发软件系统，其关注点更多在于数字化应用的创新，而非传统意义上的"转型"，因为它们的业务本质上已是数字化的。

另一类则是传统行业的企业，也被称为非数字原生企业。这些企业的业务基础较少涉及数字化，因此在数字化转型的语境下，它们是需要特别关注的对象。由于缺乏与数据打交道的经验和软件开发能力，这些企业在转型过程中往往难以依靠自身技术团队来开发系统。

非数字原生企业在获得数字化能力方面通常有三种落地方式（见图4）。

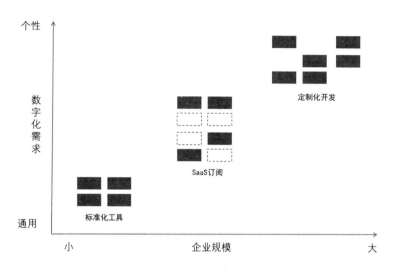

图 4　非数字原生企业数字化的三种方式

一是直接采用成熟的软件系统。例如，使用钉钉、企业微信等通用办公软件，这些软件集成了 OA 办公系统的基本功能，适合中小型工作团队实现无纸化、远程办公，并提供管理报表分析，助力小微企业和创业团队实现科学管理。此外，一些企业还会选择第三方商业数据分析软件（如 PowerBI、Tableau、SPSS、SAS、Gephi 等）来构建数据分析模型，以可视化的方式呈现数据分析结果，帮助管理者进行业务决策。

二是订阅专业的 SaaS（Software as a Service，软件即服务）厂商提供的数字化软件服务。SaaS 厂商作为专业的第三方技术服务提供商，在垂直行业积累了丰富经验，能根据行业特点和需求定制软件功能模块。通过 SaaS 服务，企业可以快速、灵活地获取所需数字化能力，同时降低技术门槛和成本。

三是寻求技术外包团队进行定制化软件开发。这种方式主要适用于业务复杂、流程特殊的大型企业，当通用软件无法满足其需求时，定制化开发成为必然选择。在此过程中，第三方软件服务商会深入企业内部，了解其业务需求，共同设计并开发符合企业特性的软件系统。合作方式可以是系统外包或人力外包，前者由服务商负责整个开发流程，后者则提供专业技术人力支持企业完成开发。

综上所述，企业在选择数字化落地方式时，应根据自身业务特点和需求灵活选择合适的实现方式。

第5问
数字经济的三大定律是什么

在数字化转型的话题下，数字经济是不得不讨论的问题。数字经济依托大数据、云计算、物联网、5G、人工智能等前沿数字化技术，旨在优化资源配置，推动经济高质量发展。在这一经济模式下，数字化企业引领着新的时代潮流，它们高度重视数据及其潜在价值，将数据视为企业增长的新引擎。

当前，数字经济正深刻改变着人与企业的互动方式、企业与技术的融合路径以及企业的管理哲学与竞争策略。深入理解数字经济的内在逻辑与发展规律，对于提升企业数字化转型的认知水平、科学制定数字化发展战略、增强数字创新能力至关重要，这将助力企业在新时代中脱颖而出。

影响数字经济下企业发展的三大基本定律包括梅特卡夫定律、摩尔定律与达维多定律。

1. 梅特卡夫定律

梅特卡夫定律是乔治·吉尔德在1993年提出的，这个定律描述了网络技术的客观发展规律。该定律指出，网络的价值等于网络节点数的平方，网络的价值与联网的用户数的平方成正比。

这一定律（见图 5）完美诠释了为何某些网站的用户基数越大，其经济价值也愈发显著。

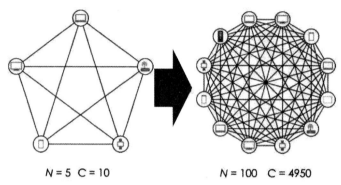

N 为用户数，C 为平台上的最大连接数

图 5　梅特卡夫定律网络效应

简单来说，基于互联网技术的平台类应用系统中，用户数量与价值创造之间的平方关系。这种关系表明，随着用户规模的扩大，平台的业务价值不仅会增加，而且增长速度会加快，这也是大型互联网公司在数字化时代能够以前所未有的速度崛起的重要原因。

梅特卡夫定律同样适用于基于数字化创新的内容服务平台的构建与运营。在企业的成长过程中，以数据为核心构建具有平台特色的数字化服务模式，已成为推动数字业务创新的重要方向。在平台思维指导下，随着用户数量的持续增长，平台内的信息交流、产品交易等服务活动将更加频繁。除了直接的经济收益（如交易佣金）外，用户互动过程中产生的大量数据积累，通过机器学习、统计分析等先进的数据科学方法，可以转化为平台的数字化服务能力，为平台上的广大用户提供更加优质的服务体验。

因此，企业在设计和运营数字化应用时，应高度重视数据价值的挖掘与沉淀，构建"业务—数据—业务"的良性循环机制。只有这样，当平台用户规模不断扩大时，才能充分发挥网络效应，实现平台业务价值的同步提升。

2. 摩尔定律

摩尔定律是英特尔创始人之一戈登·摩尔提出的，这个定律最早表达的内容是：集成电路上可以容纳的晶体管数目大约每 18 个月便会增加一倍。而另外一个版本的摩尔定律说法是：微处理器的性能每隔 18 个月提高一倍，而价格同时下降一半。尽管表述不同，但都揭示了计算机技术成本呈指数级下降的趋势，这也极大地促进了大规模数据处理能力的提升。

摩尔定律给数据科学技术的发展带来了很多机会，丰富了企业数字化业务的应用场景，使其更加契合大数据时代的实际需求。具体而言，摩尔定律对数字化产业的推动体现在以下几个方面。

首先，数据分析能力显著提升，拓展了数据处理的应用场景。在早期计算机发展阶段，受限于存储和计算资源，数据分析往往局限于中等或小规模数据集，算法模型的重要性往往超过数据本身。然而，随着数据量的增长，简化数据集以进行分析意味着精度损失和业务场景覆盖不足。摩尔定律的出现，使得大规模数据存储与计算成为可能。依托 HDFS 等分布式存储技术和 MapReduce❶ 等大数据处理技术，企业能够以较低成本实现数据的持久化存储，并通过动态扩展计算资源来提升处理效率。这使得数据科学家能够全面记录业务数据，保留所有原始信息，并基于大规模数据集构建更精确的业务模型，以应对更复杂的分析需求。

其次，技术成本的降低也降低了企业获取数字化能力的门槛。如今，中小企业也能通过云服务快速获得数字化能力，并轻松承担网络流量费、数据存储

---

❶ HDFS, Hadoop Distributed File System，是一种分布式文件系统；MapReduce, MapReduce Programming Model，是映射归约编程模型。

费用及数据服务订阅成本。从用户角度看，技术成本的下降促使更多人使用 PC 互联网和移动互联网，为企业的数字化应用服务提供了坚实的市场基础。

此外，摩尔定律还推动了数据分析技术的成熟。随着数据存储能力的提升，企业不仅关注结构化数据，还开始重视图片、音频、文本等非结构化或半结构化数据的存储与处理。针对这些数据类型，各类算法日益丰富，助力企业从更广泛的数据源中提取有价值的业务信息和知识。同时，大规模数据积累也促进了基于深度学习的复杂数据科学算法的发展，进一步提升了数字化应用的智能化水平。

3. 达维多定律

达维多定律是由曾任英特尔公司高级行销主管和副总裁的威廉·H.达维多提出的。该定律指出，市场上的第一代产品，即便尚不完善，也往往能自动获得高达 50% 的市场份额。达维多定律强调了先进入者非凡的市场竞争优势，企业必须通过持续不断的创新，抢占产品迭代的先机，以维持其长期市场竞争力。

在数字化时代，市场竞争空前激烈，各行各业的企业均面临着前所未有的经营挑战。达维多定律要求企业具备敏锐的市场洞察力和快速响应能力，持续产出创意并高效实施，以适应快速变化的市场环境。

数字化转型为企业带来了强大的技术创新潜力。数据作为关键信息资产，不仅为企业提供了宝贵的商业洞察，还使企业能够迅速捕捉市场机遇，精准定位产品设计和业务优化方向。相比于非数字化企业，数字化企业凭借对数据的深度挖掘和应用，天然拥有更丰富的业务知识库，为服务创新和业务拓展奠定了坚实基础。因此，在达维多定律主导的市场格局下，数字化企业凭借更强的产品创新能力与效率，更有可能率先占据市场高地，迅速成长为行业领军企业。

第6问
数字化转型都有哪些发展阶段

企业进行数字化转型是一个长期且持续的发展过程。随着企业对数据及数据创新的重视程度和认知水平不断提升,其数据管理水平和应用能力也逐步深化,进而孕育出更高阶的数字化业务形态。关于企业数字化转型的发展阶段,虽有多种划分方式,但本书倾向于将其概括为业务线上转型、综合管理分析、数据价值共创、产业外部赋能等几个关键阶段(见图6),下面分别进行详细介绍。

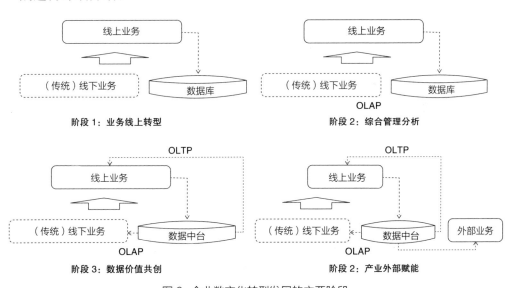

图6 企业数字化转型发展的主要阶段

1. 业务线上转型

对于数字化企业来说,其早期的数字化进程主要体现在将线下业务迁移至线上，这一发展阶段一般也可以看作是信息化阶段。

企业通过建立业务信息系统，成功地将传统线下业务转移至线上环境执行，充分利用计算机强大的数据存储与计算能力，实现事务处理（OLTP，联机事务处理）的自动化。这不仅提升了业务执行效率，还使得业务活动摆脱了时间和空间的限制。对于企业内部，远程办公平台的引入极大地优化了工作流程；对外，各类行业门户网站或服务终端的建立，显著增强了企业在信息处理方面的能力。

在这一阶段，互联网作为核心驱动力，促进了业务连接的广泛拓展。PC互联网强化了人与信息的交互，移动互联网则极大地促进了人与人之间的即时沟通，而物联网技术则进一步加深了物与物之间的连接。对于企业来说，这种更为紧密的业务连接不仅意味着服务覆盖面的扩大，也带来了信息传播效率的大幅提升，从而缩短了业务活动周期。

尤为重要的是，线下业务向线上迁移的过程中，大量的业务活动被数字化记录，这一过程加速了企业数据资源的积累。例如，在传统线下店铺中，用户的购物行为难以被全面追踪；而在线上平台，用户的每一步操作，如浏览商品、加入购物车、点击营销链接等，都被网络日志详细记录。这些数据不仅丰富了用户画像，还为商家提供了深入了解消费者的窗口，使得定价与营销策略的制定更加精准有效。

综上所述，业务的线上化转型不仅显著提升了企业经营的自动化水平，还推动了业务活动的模型化与标准化进程，为企业统一运营服务与科学管理决策奠定了坚实的信息基础。

2. 综合管理分析

为了更好地进行管理活动，有效解决企业发展中各类经营问题，企业需要建立一套科学的管理方法。在数字化技术的支撑下，企业可以通过一系列的数据分析工具，对业务活动中产生的各个业务主题的数据进行综合分析，从而为业务决策提供宝贵的信息支持。

在企业实现业务的线上化的过程中，由于要建设相应的业务信息系统，企业会对系统相关的业务活动进行模型设计。这些业务模型的背后其实是信息（数据）模型，信息模型可以帮助分析人员准确解读出业务信息系统自动产生的数据的含义。在这个阶段，企业内的分析师或数据科学家会广泛采用各种数据分析软件，以提高工作效率。同时，为降低数据分析过程中的数据交互复杂度及工具使用门槛，许多具备条件的数字化企业还会针对不同分析团队的需求搭建大数据分析平台。

大数据分析平台的核心是数据湖，它汇聚了来自不同业务系统和信息渠道的海量数据资源。这些数据经过特定算法和规则的处理，转化为有价值的数据资产，并以业务明细数据表或多维主题报表的形式存储在数据仓库中。平台提供多样化的即席分析工具（如 OLAP），通过高效的信息检索与多维统计分析功能，帮助管理人员从多个维度自由探索业务数据，为智能分析与管理决策提供有力支持。

除了支持灵活的交互式数据分析外，许多企业还关注分析流程的标准化应用，如定期报表发布和动态可视化数据大屏。定期报表发布为企业提供了常态化的信息汇总，包括日报、月报等，通过预设的主题报表模板和自动化处理流程，确保数据的及时性与准确性。而动态可视化数据大屏则以直观生动的图表形式实时监控业务活动并预警异常事件，助力企业实现精益化管理。数据大屏展示的数据直接来源于业务信息系统实时生成的数据流，借助流计算技术确保图表内容的即时更新。

3. 数据价值共创

在多数企业，数据的管理者与使用者往往分属不同业务团队，进而导致数据利用效率低下。从数据中挖掘有价值信息和商业洞察，进而创造业务价值，成为一大挑战。数据库管理员、软件工程师及数据系统运维人员虽擅长数据操作与维护，却未必能从数据中提炼出对业务优化和决策有直接帮助的信息。反之，前端业务人员急需数据支持业务改进，却受限于对数据分析工具和平台的使用能力。

当业务分析需求超出标准平台能力时，业务人员需与技术人员紧密合作，共同开发定制化数据产品（如报表或模型）。但这一过程因双方沟通障碍而变得复杂冗长，影响了数据产品的开发效率。

为提升数据资源利用率，数字化企业应致力于降低业务人员使用数据的技术门槛，促进数据价值的共创。为此，企业需建立一套标准化的"语言"——元数据，以规范和定义数据充当技术人员与业务人员之间的桥梁。元数据不仅便于技术人员高效管理数据，也帮助业务人员更便捷地查找和使用数据资源进行业务创新。

同时，企业应提供易用的数据分析工具，辅助数据科学家将复杂数据转化为易于查询和应用的数据资产，如数据模型、业务规则、对象标签、主题报表等，并通过数据服务形式统一发布和维护。这样，业务人员便能直接利用这些数据服务解决分析需求，加速业务创新进程。

数据中台是数据价值共创阶段非常有代表性的平台级产品，集成了数据资源管理、数据资产加工及业务创新功能，是企业利用数据资源进行数字化创新的关键工具。在数据中台的支持下，技术人员与业务人员通过元数据和数据服务协作，加速了数字化应用的开发与迭代，实现了从业务数据化到数据业务化的闭环流程，推动了企业数据价值共创的广泛实践。

4. 产业外部赋能

随着数字化企业的全面转型，企业对数据的理解越来越深刻，决策者开始从更广泛的视角审视数据的价值与应用场景。企业数据的重要性不仅体现在支撑自身经营发展上，更在于能够对其所在产业链的上下游伙伴进行业务赋能。数字化企业本质上趋向于更加开放的组织结构，数据作为核心信息资源，对于促进跨企业合作、优化供应链生态具有不可替代的作用。

企业间的数据合作能够显著提升数据的多样性和深度。当不同企业或组织的数据实现充分共享与融合时，将激发出更强大的数据潜能，创造更多具有创新意义的数字机遇。这种合作不仅丰富了数据维度，还促进了产业链上下游企业间的协同与共赢。

随着企业数据基础设施的不断完善，数据中台逐步演变为数据平台，成为数据管理与应用的枢纽。许多大型互联网企业凭借其庞大的用户基础和丰富的数据资源，构建了具有行业代表性的数字化能力平台，为领域内中小微企业提供强有力的支持，助力其快速健康成长。例如，一些领先的电商平台通过积累海量在线消费数据，掌握了宝贵的市场洞察，进而能够为小微商户提供定制化的资金扶持与供应链解决方案，有效缓解其发展瓶颈，实现共赢发展。

第 7 问
如何区分数字产业化和产业数字化

数字产业化和产业数字化是与数字经济及企业数字化转型紧密相关的两

个核心概念。在 2017 年，中国信息通信研究院发布的《中国数字经济发展白皮书》中明确界定了"数字经济的构成主要包含两大部分：数字产业化和产业数字化"。

很多人分不清数字产业化和产业数字化有什么具体区别，这两个概念名称上相似，但它们所代表的含义截然不同，分别体现了数字经济在技术层面和业务层面的双重特性。简而言之，数字产业化侧重于数字化转型所依赖的技术与产业基础，是技术创新的直接体现；而产业数字化则聚焦于数字化转型所推动的新业务模式与业态的形成，是技术应用于实际业务场景的成果（见图 7）。

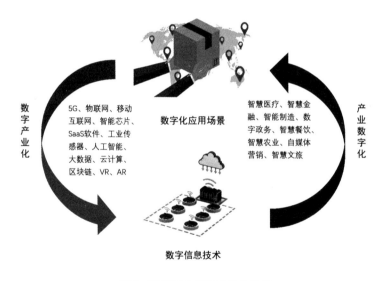

图 7　数字产业化和产业数字化

1. 数字产业化

数字产业化是数字经济的底层技术基础，是数字化的原因和初始条件。随着数据科学与信息技术的飞速发展，一系列数字技术产业模式与专业服务应运而生，孕育了众多拥有强大数据创新能力和项目实施能力的科技企业。

技术进步是推动商业革新的核心动力,数字产业的成熟为企业的数字化转型、数字化创新等实践活动奠定了坚实的技术基础。

典型的数字产业化行业包括互联网行业、软件和信息服务行业、电信行业以及电子信息制造行业等。此外,数字产业化触及众多前沿数据科学技术,如5G、物联网、移动互联网、智能芯片、SaaS软件、工业传感器、人工智能、大数据、云计算、区块链、VR、AR等。

随着数字产业化进程的深化,各技术领域及其细分领域日趋专业化、成熟化,技术间的交叉融合也日益紧密。通过创新业务模式与技术应用,促进了技术服务间的深度关联,加强了技术企业间的合作,推动了数字技术的整体进步。

例如,5G技术强化了移动互联网的应用体验,拓宽了移动设备的适用场景;SaaS软件与智能芯片、工业传感器的融合,进一步打通了从企业资源管理到一线工业自动化的全链条;而人工智能算法的精进,则依赖于大数据的滋养与云计算的强大处理能力。

在数字产业化进程中,每项技术背后都有领军企业与完善的服务体系支撑。企业可轻松整合这些优质技术资源,无论是构建数据基础设施,还是开发新的自动化、智能化应用场景。引入专业化技术产品与服务,不仅降低了数字化转型的门槛,还依托技术的规模效应减少了研发成本,同时激发了企业基于数据的应用创新能力。

对于技术企业而言,产业数字化开辟了广阔的市场空间。随着传统互联网红利消退,市场竞争重心从消费端转向企业端,技术创新的焦点也从广度拓展至深度。数字产业化趋势预示着产业互联网将成为IT企业的新蓝海,涵盖数据底座、数据中台、企业上云、工业元宇宙、数字孪生等多个关键领域。

在此背景下,技术企业不再局限于提供单一工程服务,而是转型为综合解决方案的提供者,从被动响应转向主动引领,不断拓展业务能力边界。凭借技术专长与业务洞察，技术企业能为产业链下游提供前瞻、创新、综合的解决方案，以数据与技术驱动产业升级。

2. 产业数字化

产业数字化是数字经济的产业实践应用，是数字化进程的结果与成效的直接体现。随着数字技术的不断深化发展，传统行业积极拥抱技术创新，探索利用数字技术优化业务模式、服务模式、运营模式及商业模式，实现产品产出增加和服务效率提升的双重目标。

在改造升级传统行业的过程中，充分整合数据资源优势，依托强大的大数据分析处理能力，从海量数据中挖掘出科学、前沿且标准化的行业知识。随后，将这些行业知识与多渠道获取的业务场景信息相融合，以数据服务的形式输出至决策端或执行端，推动产业向网络化、自动化、智慧化方向升级。

产业数字化广泛覆盖金融行业、医疗行业、教育行业、城市治理、公共交通、农牧业、能源开发等传统产业领域。各行业与数字技术的深度融合，不仅重塑了其底层的产业逻辑与价值模式，还催生了众多新颖的数字业务应用场景，促使传统行业转型升级为全新的产业形态。

具体而言，互联网技术重构了"人—组织—产品—服务"的传统关系，赋予业务模式更高的灵活性；大数据与人工智能技术通过算法自动化，提升了决策效率、运营质量及反馈速度；传感器与数据可视化技术增强了业务环境的感知与实时处理能力；区块链与私有云技术确保了业务数据的安全性与可信度。

与简单的数据应用不同，产业数字化更侧重于数字技术的深度整合与应用。除了基础的数据统计分析，还广泛采用机器学习、深度学习、强化学习等智能数据模型,将产业知识以模型形式固化,实现业务流程的自动化判定与决策,促进各环节的无缝衔接。

当然,不同行业的业务特点不同、数据基础不同、对数据要素的需求不同,因此基于数据的业务改造模式也大不相同。可以说,每个行业在探索数字化过程中,均形成了独特的实践体系与发展规律。

以具体行业为例,金融行业衍生出数字金融、智慧投顾、电子支付等细分领域;医疗行业则涌现出互联网医院、智能诊断等新业态;制造业向无人工厂、智慧园区转型;消费行业则见证了全渠道零售、无人便利店等模式的兴起。这些创新应用既源自传统行业的自我革新,也不乏新兴创业公司的贡献,尤其是那些由技术驱动的全新产业形态,预示着"数字化+"将成为未来商业创新的主流模式。

第8问
数据、信息、知识、智能有什么不一样

数字化转型的核心是数据,在企业的数字化实践中,通过深度分析和有效利用数据,企业能够充分发挥数据的产业价值。此外,数据并非孤立存在,而是与几个紧密相关的概念——信息、知识和智能——紧密相连,这些概念在数字化进程中同样扮演着重要角色。

在讨论数字化相关议题时,对这些概念的准确辨析和深入理解至关重要,有助于我们更清晰地认识数字化转型中的数据要素,了解数据作为驱动力促进业务发展的内在逻辑和实现路径。

数据、信息、知识和智能,从本质上讲,都是信息在不同抽象层次上的表现形式。当我们谈论狭义的信息时，通常指的是与数据直接相关联的、经过初步处理和组织的数据集合；而广义的信息概念更为宽泛，涵盖了从原始数据到高度抽象的知识乃至智能的整个过程。从数据到智能的价值链转化如图8所示。

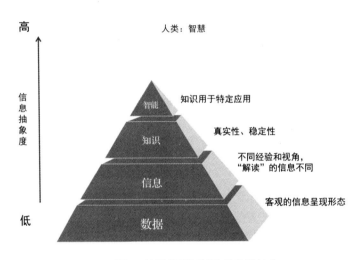

图 8　从数据到智能的价值链转化

1. 数据

数据是客观世界中直接可观测、可量化的数字化内容，是信息的物理表现形式，也是数字化转型过程中数字应用实践的基础素材，更是数据管理活动的核心对象。企业中的所有数字实践活动都需围绕数据资源的获取与分析来展开。在企业的产业实践中，根据不同的观察视角，数据可被划分为多种类型：

从数据组织形式的结构化程度来看，数据可以分为结构化数据、非结构化数据、半结构化数据。

（1）结构化数据：最为常见，由预定义的结构化框架约束，具有固定的数据结构。表格数据是最典型的结构化数据，其中，每行数据记录的表头都是一致的，且每个表头都具有明确的业务内涵。这类数据通常存储在关系型数据库中，有些也存储在 Excel 等 BI 商务软件的文件中。此外，知识图谱也是重要的结构化数据类型，它以三元组的形式对网络结构的数据进行表示，对于复杂查询和知识推理类的数据计算任务具有非常好的技术兼容性。

（2）非结构化数据：没有严格模式约束，信息组织自由度较高，但难以被机器直接计算和理解。非结构化数据包括文本、图像、音频、视频等格式，通常以文件形式存储和管理。为了让非结构化数据更好地服务于数字化应用，常需通过机器学习、深度学习等技术将其转化为结构化数据，以便于机器分析处理。例如，利用自然语言处理（NLP）处理文本数据，语音识别技术（ASR）处理音频数据，机器视觉技术（CV）处理图像数据。

非结构化数据主要有以下三个特点：一是数据结构的自描述性，即数据与数据结构彼此相容，数据本身既是具体的内容，也是信息结构框架；二是数据结构的复杂性，即在结构上难以将数据纳入现成的模式；三是数据结构描述的动态性，即数据的变化会导致数据结构的变化，整体上来看，数据的表示形式具有动态性、适应性和灵活性。

（3）半结构化数据：半结构化数据的结构化程度介于结构化数据和非结构化数据之间。虽然半结构化数据本身也是结构化的，但由于其数据结构的变化较大，因此难以直接用数据表来存储数据内容，必须采用特殊的存储结构。

目前，比较经典的半结构化数据存储格式有 XML、JSON 等。其中，XML 是基于树状结构的，而 JSON 是基于键值对结构的。这些数据结构能够非常灵活地表达形式多样性很强的数据内容。在企业的数字化应用中，半结构化数据的主要用途在于提供系统或服务之间的关键信息交换。

从数据的适用功能上来看，数据可以分为事务数据、文件和内容、主数据、参考数据及元数据等。

（1）事务数据：由前端业务信息系统在日常业务操作中自动生成，多为结构化数据，源自关系型数据库。通过 CRUD（创建、读取、更新、删除）操作实现线上化、自动化业务逻辑，记录数据交互活动的状态及其变化。

（2）文件和内容：大多为非结构化数据，如文字、图片、音视频等。随着数据处理能力的提升，企业越来越多地通过主动感知方式采集这些数据。它们既可直接人工查看分析，也可转化为结构化格式进行自动处理。

（3）主数据：在系统及各业务间共享的重要数据类型，代表企业核心实体对象，如客户、供应商、竞争企业、零部件、产品等。主数据变化相对缓慢，需人工审核维护，对数据分析的准确性要求高。

（4）参考数据：同样为共享数据类型，通常定义数据属性的取值范围，如业务状态列表或实体分类标准。

（5）元数据：关于数据的数据，提供数据的描述和解释。元数据帮助管理数据资源，为数据使用者提供参考信息，是理解和使用数据的基础。没有元数据，数据将难以理解和使用。

2. 信息

通过对数据进行分析和加工，可以从数据中提炼出重要的信息内容。信息相较于原始数据具有更高的抽象程度，其表现形式也可以是数据或图表。例如，可以比较直观地呈现业务信息的形式包括统计报表、关键词、结论性文字、数据可视化图表，甚至一个简单的数值结果。对于数据分析人员来说，信息是重要的业务参考和管理决策依据。没有信息就无法行动，知己知彼，方能百战不殆。获取信息，是数据对企业管理运营活动的最直接价值。

信息来源于数据，但信息和数据并不是一一对应的关系。信息的产生会受到人的主观因素影响。比如，面对某人说的同样一句话，有人听到的是"夸赞",有人听到的却是"嘲讽"。信息与具体的业务场景、业务问题及数据分析的方法都有很大关系。对于同样的数据资源,不同业务人员在差异化的问题需求条件下采用不同的统计和挖掘方法,所得到的结果自然也不同。

值得注意的是,信息有真假之分。并非所有的信息都会起到正向的决策支撑作用,错误的信息会对业务行为产生误导。因此,在获取信息的基础上,数据分析人员需要结合自己的经验对信息的真实性和准确性进行有效的判断,或通过交叉验证的方法,基于信息结论是否一致来辅助判断信息的可信程度。

3. 知识

知识的抽象程度比信息更高,同时具有更强的稳定性和可靠性。知识可以来源于数据分析的结论,也可以通过人工录入编辑的方式产生。前者所提及的知识是需要探索的未知的新数据所带来的,后者则是人们在生产生活实践中已经掌握的知识。

与信息相比,知识具有更强的体系化和结构化的特征。从数据中直接提取的信息很多时候是离散的、碎片化的,而知识具有比较严格的内容组织形式,信息节点之间具有比较明显和统一的关联关系。知识的数据表示方式很丰富,比如知识图谱、知识规则、函数、指标公式、分类标准、数据结构框架、流程图、业务术语表等。

此外,知识的内容比信息更加稳定,一般情况下知识不随所见数据的变化而变化。同时,知识在应用层面具有更强的普适性。尽管从不同数据中提取到的信息差异很大,但是同样的知识却可以用于不同的数据分析任务。在真实性和准确性上,知识的内容要求也比信息更高,只有经过提炼、组织、验证过的信息,才会成为知识的重要组成要素。

4. 智能

智能是知识的高级应用形态，同时也是抽象层级最高的信息形态。面向具体的业务需求痛点时，将知识与数据服务算法相融合，可以构建出具有智能化特征的数字化应用。智能的具体表现形式是数据模型，这些数据模型具有分类或预测的能力，可以基于已知信息推断得到有利于业务决策的未知信息，甚至基于算法的推断结果还可以自动产生相应可靠的行为活动。

通过机器学习、深度学习等人工智能和大数据技术，可以从数据资源中自动学习到具有智能水平的数据模型，模型的结构和模型的参数是决定智能应用可靠性的关键。常见的智能应用有自动诊断、自动分类、自动检测等，总之，其目标是让机器来代替人完成更多的业务操作，以降低人工操作成本、增加业务效率、减少人为因素出错的概率、提高产品或服务的综合质量。

第 9 问
数字化转型一定要懂技术吗

在企业从事数字化转型的过程中，各种数据项目的建设活动是不可或缺的，比如开发某个数据服务、搭建某个数据平台或新增某个数据应用系统。由于软件系统通常是数字化转型工作的重要物理载体，因此很多企业常常将转型工作等同于软件开发，并误以为技术产品的好坏以及科技含量高低会最终决定数字化转型的成效。

那么，数字化转型是否一定要依赖深厚的技术背景呢？如果管理者不懂技术或者企业的技术研发能力基础相对薄弱，是否仍能很好地开展数字化转型工作呢？

简单来说，转型成绩的好坏和技术能力具有相关性，但并不是必要条件。因为数字化转型的工作重点在于用系统，而不是建系统。如何有效利用系统来优化业务才是关键所在。

实际上，数字化转型这一概念更多是针对传统企业进行讨论的。相较于那些本就拥有互联网基因的技术原生企业，传统企业在管理方式、运营方式、生产方式、服务体系以及供应链体系等方面可能相对落后。因此，它们通过使用数据系统来提升业务能力，反而具有更大的潜力。企业不应因自身技术能力短板而否定数字化转型的战略发展方向；相反，技术基础越是薄弱，越应重视数字化转型带来的产业机遇。

当然，这不意味着技术基础不重要，而是说企业要正视数字化转型和数据科学技术之间的关系。企业的数字化项目牵头者和决策者不应受限于技术研发能力的基础，而应把工作重点和重心放在如何借助现有的数据科学技术发展上。

数字化转型工作不是以技术为中心，而是以业务为中心，一切都要围绕着业务发展的真实需要来开展。技术本身没有好坏和高低之分，对技术的客观评判只能是从业务变化的方向和影响程度来评判。

因此，我们可以这样总结：数字化转型的本质是一项全新的业务顶层设计任务，这个顶层设计的范畴既涵盖软件技术架构，也包括企业的业务架构。总之，数字化转型并非技术的简单升级，而是业务的全面优化。

基于以上讨论，在数字化转型过程中最为关键的内容并非突破技术难题，而是准确识别业务痛点，并做好转型模式的规划设计。此时，数字化业务的表现形式则是一种"人—机"混合的工作模式，即让人和机器相互配合来解决传统的业务问题，各自发挥优势，达到一种完美的任务协作均衡状态。

机器不是整个数字化应用的全部，而是与数据交互和数据处理密切相关的一环。机器负责数据的快速统计和信息挖掘，而人负责对从数据中提取的信息进行综合、推理、启发和决策。转型工作不必强求构建一个非常高级、智能的技术应用，而是结合人与机器各自的工作方式和特点，构建一个更加高效、稳定、可靠的工作模式。技术并不是数字化工作的全部，人与数据技术的融合关系才是数字化的本质。

在设计数字化转型的应用场景时，需要充分了解业务逻辑、业务知识，以及和数据科学技术相关的能力特点和边界。在此基础上，应基于业务特点和业务人员的工作习惯与模式，来设计数字化应用系统的产品形态和使用方法。

可以说，对待数字化转型的正确思维不应是技术思维，而应是产品思维。企业在数字化转型中应关注的核心问题是技术系统如何赋能业务，而非如何构建一个强大的技术系统。一旦在数字化业务应用的顶层设计中确定了数据、人和系统的角色，就可以开展具体的系统建设工作了。

此时，即使企业自身不具备成熟的技术开发能力，除了可以依赖自身的技术团队自研构建软件系统外，还可以通过以下两种方式来获得所需的技术系统。

一是直接采购现有的软件系统。这主要是将一些现成的、相对通用的、成熟的软件功能嵌入到当前的业务活动中。为了更好地利用软件系统提升业务能力，使其符合企业当前面临的业务活动特征，通常需要对当前的业务流程进行调整，这个过程也称为业务流程重组（Business Process Reengineering，BPR）。面向某个行业的成熟软件系统也称为 SaaS，通常是部署在远程云端的在线服务化系统应用。租赁订阅 SaaS 服务以解决数字化业务需求，是成本较低且更易于运营维护的数字化技术实施方案。

二是采用系统外包定制的方式。这种技术实施方式对于预算充足且业务逻辑较复杂的大型企业来说是比较流行的技术落地方案。企业通过自身的业务设计规划或第三方的数字化咨询，得到具体的技术系统需求方案。第三方技术厂商（ISV）结合已有的技术系统需求方案进行详细设计和编码实施，确认研发成本并负责相应的技术实施和系统运维工作。系统外包的方式不需要企业自己投入技术人员，数字化项目的管理者可以不必了解太多技术细节，但缺点是研发周期较长，且需要不断面临因业务需求变化而造成的底层系统变更的技术风险。

第 10 问
数字化转型可以解决企业哪些痛点

企业进行数字化转型的活动往往伴随着具体的业务需求，一定是在特定的内外因驱动下开展转型工作。企业不会为了数字化转型而转型，而是借助于数据科学技术的发展成果，把技术用在具体的业务实践中，以解决实际的业务痛点。对于不同行业来说，每个行业的业务特点和难点都不同，因此数字化转型工作解决的问题类型也不一样。

随着数字技术产业的不断成熟，各种新的 IT 技术层出不穷，大数据可以解决的产业问题也非常丰富。下面主要列举一些典型的数字化技术应用场景，希望能够为转型中的企业提供有价值的启发。

1. 信息共享

随着企业业务的不断发展，组织规模日益庞大，业务线条变得十分繁杂。在这种情况下，企业的管理决策往往变得非常困难。因为许多业务设计和管理规划需要综合考虑多个部门和专题的数据。如果企业的数据和信息在位置分布上过于分散，就很难充分利用起来进行有效的管理决策和业务创新。

企业数字化转型工作的一个核心作用就是解决信息共享的问题。具体的实现方式是构建公司级的统一数据资源技术底座，通过这一底座对企业数据资源进行集中整合。典型的数据资源技术底座形式包括数据湖、数据仓库、数据中台等。

实现数据共享后，在物理层级上，可以贯通并融合各个前端业务系统产生的数据，进行深度的数据汇集；在逻辑层级上，可以打破不同业务部门之间的"信息墙"，促进各层级、各专题、各职能组织机构之间的信息资源、知识资源的共享以及任务协同与创新协同。

2. 管理决策

企业有很多重要的管理决策问题。例如，评价并筛选可靠的供应商列表、制定新产品的销售价格和回收价格、确定某项目的合理利润分配公式、解决工厂和仓储的选址问题、制订新季度的产品生产计划、设置广告营销投入预算等。为了保证决策结果的科学合理，企业必须依赖于大量的经营数据来辅助决策。

对于成熟的数字化企业，除了保障数据的完整性和可获得性之外，还需要提供更多可靠的数据分析工具，以提高业务人员对数据资源的综合计算和处理能力。例如，可以构建具备交互式分析能力的大数据平台，提供筛选、排序、汇总、透视、上钻、下钻、合并等常见的统计分析功能，以及聚类分析、相关分析、时间序列分析、回归分析、规则挖掘、路径分析等数据挖掘算法模型。

此外，数据可视化技术也是非常重要的数据分析技术组件。它可以直观地呈现业务现状，并启发决策选择。很多企业会构建具备业务感知能力的数据可视化大屏，大屏展示面向不同主题的统计图表。这些图表中的数据以实时或准实时的方式从相关的业务信息系统中动态地同步、计算，并汇总输出。

3. 需求匹配

需求匹配问题主要出现在消费类的业务场景中。在互联网产业经济中，无论是用户规模还是产品和服务的品类，都极为庞大，依靠传统方式很难进行有效的推广和营销。数字化技术能够实现基于偏好的推荐算法，从而实现"人—店"匹配或"人—货"匹配。

在传统的消费场景中，是消费者主动寻找商品，而在数字化产业中，是商品主动寻找消费者。海量的网站浏览记录、在线行为记录、购物记录、物流记录，都是对人和商品进行数字化编码的重要数据信息基础。当完成了人和商品的编码后，通过智能推荐算法模型，就可以实现人和商品的自动匹配，通过行为触发的数据服务动态、准确地满足消费者的"长尾"需求。当前，在消费类场景中，需求匹配的数字化解决方案非常多样，包括商品推荐、广告推荐、优惠券推送、基于地理位置的商户推荐等。

4. 异常检测

异常检测本质上属于自动分类的业务场景。从实现方式上看，它是基于大数据统计数据的参考，依据评价指标、业务规则或数据模型，将目标核心业务属性划分为正常和异常两个基本类型。

异常检测在工业场景中应用广泛。其中一类应用是对设备的工作状态进行监控和检测，以判断设备是否出现故障以及是否存在将要发生故障导致停机的事故隐患；另一类应用是对生产产品的质量进行检测，主要的判断依据是产品的核心生产参数。工业环境的异常检测非常依赖生产环境的强大信息采集能力。智能传感器的普及以及物联网对设备和工件的广泛连接能力，是底层核心技术的基础保障。

除了工业场景，异常检测也广泛应用于金融行业的风险管理任务中。例如，通过对金融交易数据进行链路分析和账户基本属性分析，可以判断可能存在的诈骗、赌博、洗钱等违法金融交易行为；通过对贷款人的历史消费数据、还款数据以及个体的基本账户信息、社交信息的相关数据进行综合分析，可以准确地评价贷款人的还款能力，并对可能出现的违约事件风险进行概率评估。

5. 自动控制

自动控制是指将数字化能力应用于"类机器人"的场景，通过结合人工智能算法与各种硬件终端，替代传统的人工操作，提供智能、自动化的生产能力或服务能力。它是数字化技术的高阶应用场景，旨在将人类的知识和智慧转化为数字形式进行编码，并模拟人的日常操作活动。

将数字化技术应用于自动控制的目的，是为了扩大产能并降低企业的综合运营成本。例如，在工业制造场景中，许多智慧工厂大量引入工业机器人参与精细、复杂的生产活动。只需提前将生产指令输入到生产控制系统中，机械手臂便能自动完成零件和半成品的加工操作。此外，在车间里，还有许多无人小车参与生产原料及加工产品的运输活动，实现生产系统与库存系统的紧密联动。

除了工业领域，自动控制技术在日常生活场景中的智能化服务也备受关注。例如，在生活家居场景中，无论是家具还是家电，一旦与人工智能技术相结合，便能为消费者提供个性化且便捷的服务。当前，智慧家居已成为数字经济中非常重要的产业赛道。在服务行业中，智能客服、智能语音助手的应用也十分广泛，这极大地提高了商家的服务效率，减少了人工服务的排队等待时间。在交通出行场景中，人工智能技术的发展还推动了无人驾驶汽车的流行和普及。深度学习和强化学习等智能算法可以代替人类执行驾驶操作，并显著降低汽车行驶的事故风险。

第二章

数字化战略篇

第 11 问
数字化转型为什么是"一把手"工程

企业的数字化转型经常被认为是"一把手"工程。也就是说，企业的数字化转型工作必须得到公司级领导的重视和直接参与，比如 CEO、COO 等，否则转型任务难以有效实施，也无法确保获得有意义的业务反馈。那么，为什么要在数字化转型工作中如此强调"一把手"身份的重要价值呢？

1. "一把手"可以把握战略目标

数字化转型是企业一项长期的、战略性的总体规划。而"一把手"通常具备战略性市场洞察和管理视野，能够为企业发展的重大决策负责。"一把手"的认知水平往往决定了企业总体业务发展的上限。数字化转型不仅仅影响企业的某一项业务或某一个部门，同时也会从技术、管理、组织、文化等多维度作用于企业的整体发展。

因此，企业是否应该进行转型，以及转型的具体实施路径，都需要站在一个全局、综合的视角来进行考量和决断。企业的"一把手"站在更高的管理层级位置，接触的业务问题和管理问题更为广泛。在规划转型方案时，他们不仅能够应对企业当前发展的问题，还能够确保方案与企业长期的发展目标保持一致。

2. "一把手"可以整合业务资源

在数字化转型的过程中，经常需要整合企业多方面的业务资源，这要求不同部门之间密切协作，共同承担项目的落地实施工作。数字化转型是一个成本型项目，而非利润型项目，它不仅需要在技术研发上投入成本，在管理工作中也要投入大量的人力。对于大多数部门和团队来说，数字化转型工作不会产生即刻的收益，转型的成绩也很难显性量化，这可能会导致转型项目的各参与方缺乏足够的执行动力。

在这种情况下，企业的"一把手"需要出面来坚定各方的信心，确保项目参与方对其所负责任务的资源投入充分，从而使转型项目的进度能够按期、按量、按质地持续推进。

对于数字化转型工作，通常是由技术部门牵头开展，由不同的业务部门来配合执行。转型工作并非单纯的技术问题，它还需要不同业务部门负责梳理业务功能需求、提供技术产品反馈、确定数据结构和标准、设计数字创新应用、开展综合数据分析、定义数据应用模型等。"一把手"需要深入到转型项目中，帮助转型的牵头部门协调各业务部门的人员与资源投入，并加强各层级、各职能的基础服务保障。

3. "一把手"可以协调利益矛盾

除了以上方面，数字化转型工作还有一个比较容易忽略的问题，那就是它对组织内部利益格局的影响。在数字化项目的推进过程中，除了引入了新的技术要素、技术系统外，更大的变化在于业务流程的改变，甚至商业模式的改变。

那些具备更强数据获取能力、数据交互能力以及数据价值变现能力的业务线条,将会受到企业的更多关注和重视。相反,那些传统、落后、缺乏数字技术基因的业务线条,则可能会面临被弱化和淘汰的风险。此外,随着许多业务环节被机器自动化替代,一些团队可能会逐渐变得冗余,相关人员不得不进行岗位调整,甚至面临被优化的困境。

当转型工作遭遇阻力时,企业的"一把手"需要敏锐地意识到,这背后可能隐藏着利益上的问题。在转型战略明确并确定了具体的实施方案后,"一把手"应及时组织"宣贯"会议,以统一大家对转型工作的思想和认知。这些会议的目的不仅在于让所有的部门和团队都重视数字化工作本身,更重要的是要鼓励大家提出对转型的顾虑,并解决彼此在利益上的矛盾和冲突。只有这样,企业中不同位置的相关人员才能够形成合力,积极配合,并有效推进转型工作的稳步前行。

第12问
小微企业也要做数字化转型吗

当前,关于数字化转型的方法和工具主要是围绕业务复杂、规模庞大的大型企业来构建和描述的。然而,数字化转型这一概念与企业的规模大小并无直接关联。尽管大型企业与小微企业在数字化转型的方式上存在显著差异,但这并不意味着小微企业没有迫切的转型需求。

"船大难掉头",大型企业在推进数字化转型时需要考虑的因素极为复杂,因此转型工作的规划往往需要分步骤进行。对大企业转型的讨论较多,主要是因为这涉及更为综合和复杂的管理问题。相比之下,小微企业在转型工作的管理维度上思路相对清晰,无论是决策还是具体的执行落地都较为简单明了。

对于小微企业而言，数字化转型的难点主要在于对数字化的认知能力有限，资金和业务的压力也常常让企业缺乏足够的转型驱动力。企业容易受限于当下的生存困境而时刻处于犹豫不决的状态。尽管如此，数字化转型对于小微企业来说，或许是一个千载难逢的发展机遇。如果企业能够提早洞察到数字化转型对于自身业务经营的独特价值，那么将会获得事半功倍的成长效果。

为什么说数字化转型对于小微企业具有独特的意义和价值呢？主要可以从以下四个方面来看。

1. 业务链条简单，容易得到反馈

首先，数字化转型是面向未来的业务创新活动，无论对于小微企业、中型企业还是大型企业，转型都面临着巨大的不确定性。许多行业的转型路径并没有成熟的方法，对于企业个体来说，也很难直接定位到正确的转型方案。转型的失败往往在于"试错"成本太高，因为每次新的数字化业务创新尝试都意味着额外的成本、人力和时间投入。

小微企业的商业模式相对简单，产业价值创造的逻辑链条清晰。因此，在业务流程中引入数字化技术后，小微企业比较容易产生数字创新应用的反馈效果。通过简单的技术工具和流程改变，企业可以看到数字化转型的实际效用，快速测试数字化方法和思路的有效性，并验证转型路径的正确性。与大型企业相比，小微企业在这方面的优势显著。在大多数业务场景中，小微企业不需要投入太大的配套资源，只需要在原有流程中找到关键环节，进行微小的业务环节调整，即可释放出巨大的业务转型潜力。尽管小微企业对数字化转型的认知基础通常较薄弱，但他们一旦开窍，愿意拥抱技术变革和模式变化，就能更迅速地获得转型结果的激励，从而更快地找到最优的转型实施途径，并在此基础上布局全面的转型战略，实现全面的产业能力升级。

2. 产业环境成熟，技术成本降低

对于小微企业，尤其是传统行业的小微企业而言，它们通常处于一个相对成熟的产业环境中。从整个产业生态的视角来看，这些企业所处的产业环境相对成熟，其商业模式和管理流程大多较为典型和传统。尽管它们在生存方面面临较大压力，尤其是在订单获取上遇到困难，但在具体的生产和运营层面，所遇到的实际业务问题往往比较典型且同质化。基于这样的产业背景，设计和构建统一的数字化解决方案变得相对容易。

需求的通用性越强，相应的产品生产活动就越容易形成规模化效应，单一产品的成本和价格也就越低。这一规律不仅适用于一般的商品生产，也适用于服务于企业的数字化软件系统应用。软件能够服务的企业越多，每个企业所获得的软件技术能力的投入成本也就越低，最终企业可以以一种非常低廉的方式获得数字化的技术能力。

面向小微企业数字化应用的软件系统大多以 SaaS 的形式部署在外部的"公有云"环境中，企业可以通过互联网渠道访问到远程强大的数据处理能力。SaaS 集成了面向某个具体行业或领域的一系列相对通用的数字化功能组件，企业可以根据自身业务的实际需求对这些功能组件进行定制化的租用或订阅。相比定制开发软件系统，使用 SaaS 的技术成本投入要低得多。当前，数字产业中常见的 SaaS 类型包括办公类、医疗类、营销类、消费类、财税类、人力资源类等。

对于小微企业而言，使用 SaaS 还容易形成规模效应和社群效应。随着越来越多的小微企业采用行业 SaaS，更多的数字化转型问题在使用过程中得以暴露，从而获得了更多有价值的应用反馈。这些反馈信息对于 SaaS 产品的迭代优化具有极其重要的意义。软件系统可以从一个初始版本开始，在产业实践中不断得到打磨和完善，一方面更好地适应企业的实际业务流程，另一方面在功能上也会日益全面，涵盖更多的传统业务流程环节。这样一来，企业的数字化转型就能从局部突破，逐步实现整体的体系优化。

3. 对经营成本敏感，亟待降本增效

从整体上看，小微企业由于资金力量不足，产品或服务竞争力也相对薄弱，因此在应对市场风险方面存在较大隐患。当外部订单需求不稳定时，日常运营成本成为影响小微企业生存的重要因素。企业不仅要开源，更要节流。当难以在市场上进一步开拓渠道时，采取一切手段降低当下的运营成本或许是更为明智的选择。

企业进行数字化转型的理由众多，但最为核心的是降本增效。直观地说，就是要让更多的机器自动操作来代替传统的人力成本，只保留核心必要的人力投入，将重复性高、技术含量低、模式单一枯燥的环节交由机器代劳。

对于很多小微企业来说，人力成本在企业经营总成本中占比非常大。如果能用软件来代替人力，减轻人的工作负担，在雇用更少人力的条件下达到原有同等的业务效果，这将极大地提高企业的综合利润率。也就是说，即使在产品或服务本身不升级的情况下，通过运营流程的数字化改造，也能构建一个更加先进的价值系统。在数字化技术的大力支持下，企业可以更加有效地实现精益化创业，打造轻量级的企业组织架构。未来，小微企业将不再是小而弱，而是小而美。

未来，市场竞争会越来越激烈，越来越多的细分市场将变成竞争红海。企业获取增量的难度越来越大。在此背景下，守住业务存量同时削减成本，是企业突破经营困境、有效强化竞争优势的关键赛点。此时，那些更早接触

数字化转型并能灵活运用数字化工具的小微企业,将能充分借力于技术优势,不断削减企业的生产和运营成本,从而在激烈的市场竞争中存活并不断成长。

4. 传统赛道内卷,需要创新突围

在越来越多的行业,尤其是传统行业,竞争格局变得越来越内卷。很多市场的产业结构甚至不再是金字塔形,而是图钉形——绝大多数的订单资源都集中在几个巨头企业手中,仅有非常少量的业务被众多小微企业激烈争抢。

在这种情况下,如果小微企业的业务模式不改变,其利润空间将不断被同行挤压,生存将难以为继。为了应对日益白热化的市场竞争,企业亟须找到差异化路径,打造独特的产业优势,从而改善当前被动的应对局面。换句话说,在发展战略上,小微企业不能只是埋头紧追大企业的成长步伐,那样总是落人一步,吃不到红利;而要开辟出属于自己的商业模式,争做某个细分赛道的引领者。

数字化技术为小微企业提供了丰富的业务创新机会。通过主打"专精特新"的技术优势,企业能够在某个特殊环节为产业上下游提供不可替代的产品或服务。以前,在互联网技术应用不断成熟的时候,基于"互联网+"模式涌现了一大批优秀的技术创新型企业。这些企业将传统行业与互联网相结合,通过远程服务、个性服务、平台经济等多种模式,形成了很多先进的产业创新范式。现在,以大数据、人工智能、区块链为代表的数字化技术,也将催生更多新的产业形式。基于足够的产业洞察力,看透数字化的本质,小微企业或许能实现全面转型,打造全新的产业生态,在一个全新的商业领域实现业务增长。

第13问
中小企业数字化转型的困境是什么

在数字化转型中,每家企业都会遇到各种各样的问题。因为行业差异和规模差异,每家企业所面临的问题也大不相同。下面主要总结中小企业数字化转型中面对的实践困境,并分析其形成原因。中小企业的数字化转型实践问题可以分为如图9所示的三类。

图9 中小企业数字化转型主要困境

1. 主营业务遇到困难,没有精力转型

很多中小企业主在面对数字技术的工具和产品推荐时,一旦涉及资金花费,热情通常会瞬间减退,并且,很多本就经营困难的中小企业难以承担额

外的运营费用。软件方面的投入是前置的,不管有没有效果,都需要花费这笔资金。而数字化带来的收益是隐含的、不可见的、未知的。数字化给中小企业带来的帮助难以预估,有时即便产生了数字技术的应用成效,一些企业也很难将功劳归于数字化。

主营业务的困难容易让中小企业陷入管理认知的窄门,也就是企业会在传统的管理模式和商业模式下寻求出路,看不到数字化转型带来的发展机会。很多中小企业主会认为传统能力才是突破经营困难的关键,如社会资源、订单资源、业务特长等,而数字技术或许只是奇技淫巧,故作"高大上"而已。

事实上,很多关于数字化无用的理解,除了来自对资金投入的抵触,还来自对数字技术的认知不足,看不到清晰的模式和潜力。而认知不足,又反过来影响并导致数字化工具的误用、错用及乱用。数字化很重要,不能因为不理解而拒绝,成功的关键在于要"先谋而后动"。市场上的技术、工具、方法、模式非常丰富,选择合适的路径和技术是第一位的。对待转型,不能因噎废食,企业需要结合自身的发展特色和业务痛点量身定制转型方式,综合成本方面的约束,把转型工作机制设计出来,然后再考虑花钱的问题。

2. 新技术引入复杂性,技术水平跟不上

与大企业相比,中小企业的人才基础比较一般。在大多数情况下,中小企业主的能力就是企业业务能力的上限,企业主对数字化的认知和技术水平,决定了企业数字化业务的落地能力。在数字化转型过程中,如果中小企业的技术基础薄弱,会非常影响企业转型的最终效果,最终可能陷入虽然引入了系统,但是系统用不起来的窘境。

数字化转型的本质是业务创新,业务创新源于业务流程的改进和优化。具体来看,就是原有业务流程中某些环节由机器代替人,同时,也有可能添

加一些人的操作用来辅助机器。无论是哪种模式，都意味着业务过程产生了变化，这对于任何行业的从业者来说，都是增加了转换负担。

企业引入数字化，从系统论的角度来说，相当于从一个系统稳定状态进入一个新的系统稳定状态。尽管在新的稳定状态下，数字化业务流程会更加便利，效率更高，甚至收益率也更高，但是从原状态到新状态的过渡期一定是混乱且烦琐的，因为在业务活动中引入了全新的技术变量。数字化相当于给业务增加了更多复杂性，而成功进入一个新的稳定状态的前提就是企业中人员的技术能力或者说数字素养，可以掌控这种复杂性。如果中小企业中人员的技术能力跟不上，会非常显著地影响转型结果。

要解决这方面的问题，就要提高中小企业员工数据方面的能力，同时要反思是否技术产品形态出了问题。优秀的技术产品不仅是数据处理能力过硬，还要利于操作，符合使用习惯，做到以人为本，尽可能地降低业务人员对数字技术的使用门槛。未来，无感数字化将成为数字应用系统的重要发展方向。

3. 企业数据资源匮乏，转型潜力有限

很多中小企业把数字化转型的重点放在流程线上化、过程自动化方面，但这并非深度的数字化应用。真正核心的数字化创新应用是围绕数据展开的活动，具体来讲，就是要通过观察、分析和使用数据推动业务的全面升级和转型。如果不能从数据的挖掘和应用方面入手，就没有把握数字化的本质，转型工作大多也是流于形式，无法充分释放数字技术的潜力。

中小企业业务规模有限，很多传统企业的信息化进程比较缓慢，这些企业都没有积累太多数字形态的数据资源。如果企业的数据资源匮乏，那么基于数据进行业务赋能的机会会比较少，利用数据改善业务的能力也会非常有限。

例如，对于某消费服务行业的门店来说，其希望通过对客户到店消费行为的数据进行分析，获得精准的营销活动指引。但是该门店在过去十余年的经营中并没有全面且系统地记录客户信息，也没有实现客户信息的数字化存储和管理。如果要想开展数字营销工作，就需要先补短板，进行数据信息的补录，然后才能利用这些信息去实现预期的数字业务引流尝试。

很多中小企业在数字化转型方面的阻力，突出表现在数据源获取这一环节。当然，企业可以优先对增量的数据进行线上化和数字化应用，需要注意的是，存量数据同样有非常重要的应用价值。业务模式越是传统的中小企业，数据匮乏的问题就越显著。如果自身数据能力基础不足，就要重点解决数据资源的问题，其中要特别考虑以下三个方面。

（1）盘点数据。确认哪些数据是核心资源，重点管理核心数据，并按照数据价值的优先级完成数据的形式转化。

（2）选择合适的数据管理应用和工具，兼顾数据存储的安全性和可迁移性。数据存储不仅要确保业务数据的安全性，还要保证数据资源可以灵活地读取、备份、同步和迁移。

（3）设计数据的积累模式。在业务设计的过程中，将数据获取作为重要的业务环节，让各关键业务环节实现数字留痕，充分借助成熟的系统工具，在增强业务服务能力的同时，让数据积累的活动持续进行。

第 14 问
大型非数字原生企业数字化转型的困境是什么

前面讨论了中小企业的数字化转型困境。那么，是否只有中小企业在转型落地中会遇到非常多的困难呢？

其实不然，中小企业有中小企业的生存困境，大型企业也有其独特的转型业务痛点。和中小企业相比，大型企业的数字化转型困难主要来自组织和业务的复杂性。中小企业要突破"从无到有"的问题，而大型企业要突破"由乱到治"的问题。

下面主要介绍大型企业的数字化转型问题，尤其是针对规模庞大的非数字原生企业。这些企业业务能力很强，通过数字化可以获得非常可观的市场机遇，我们将对这些企业数字化转型问题的成因和解决路径进行讨论，其主要困境如图10所示。

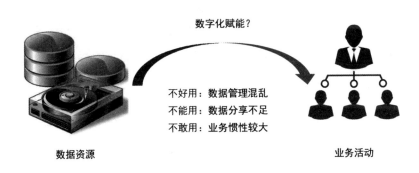

图10 大型非数字原生企业数字化转型主要困境

1. 数据资源管理混乱，治理难度很大

大型企业的数据资源非常多，即便是非数字原生企业，也在长期的业务运营中积累了大量数据。这些数据既可能是非数字化表现形式的数据，也可能是由业务系统自动批量产生的数据。这些数据以各种形式记录在不同的物理载体上，由不同的业务团队或职能部门进行维护、管理和应用。

随着企业规模的不断增长，企业的客户组成、组织人员、供应链关系、产品和服务门类及技术体系都在飞速发展，企业所需要的管理和运营的数据体量也在迅速增长。

在早期，由于缺乏有效的数据管理制度和工具，并且对数据管理工作的重视程度不足，数据质量的问题积压严重，数据的可靠性和可用性变得很差。企业只是不断地生产数据，却不会用，也不敢用已有的数据资源。对数据内容的管理不足，严重阻碍了企业开展数字化应用，进而影响了实现全面业务转型和组织转型的效果。数据资源管理混乱的情况主要表现在以下几个方面。

一是数据质量不高。数据质量是数据管理工作的关注重点。数据质量一般包含六个原则，即一致性、完整性、准确性、唯一性、有效性和及时性。其中，准确性方面的质量缺陷最为直观，即系统中记录的数据与客观实际不符。一旦数据项记录充斥着错误信息，那么基于这些数据所进行的分析和得出的结论必然带有误导性，这对企业的数字化经营管理构成了不可忽视的潜在风险。在数据质量低下的环境中，企业无法从数据中提炼出有价值的信息，这会进一步阻碍有效的数字化应用创新的产生。

二是数据源头不清晰。在大型企业，数据的生成场景和地点与业务活动紧密相连，这导致组织内部的数据资源高度分散。众多传统大型企业下设多个组织机构，每个组织机构又分别管理着不同的业务板块。这些业务板块均配备相应的业务系统，且每个系统都维护着自身的一套数据资源。不可避免地，这些不同系统的数据资源之间存在重复与交叉，甚至会出现系统间数据资源的频繁交互与调用。

当数据需求方需要访问某一类数据时，他们往往会发现企业内存在多个版本的数据可供选择。由于这些数据的不同版本的源头系统并不明确，数据需求方在设计和实现数字化业务场景时，难以确定哪些数据资源是可靠的。在项目压力之下，他们可能会随意选择数据进行访问，这种做法很可能会降低应用的最终效果。

三是数据内涵不明确。在大型企业数字化转型过程中，"数据看不懂、不会用"成为一个无法回避的难题。海量的数据项使得数据需求方在选择时感到迷茫和困惑。在信息化时代，数据主要为技术人员服务，用户查询和分析数据的能力完全受限于数据平台的开发者。由于技术人员往往对业务细节缺乏深入了解，因此他们所开发的数据平台往往难以满足业务人员的实际需求。然而，在数字化时代，企业迫切需要更加"自助式"的数据服务能力，使业务人员能够减少对技术人员的依赖，更加灵活、自主地选择和使用数据。但很多企业的数据资源缺乏科学、准确的业务维度定义，导致业务人员对数据资源的理解变得困难重重，这无疑提高了使用数据的门槛，导致数据资源潜力没有得到有效释放。同时，这也阻碍了真正有价值、有潜力的数字化应用的创新进程。

四是数据责任不到位。数据资产与企业的其他类型资产，如现金、土地、设备、厂房等一样，可以在经营活动中创造价值，需要被很好地管理起来。然而，将数据当作资产来管理，对于企业来说是十分新颖的，相应的数据管理制度也并不完善。在企业的数字化进程中，无论是为了梳理数据的统计口径、业务含义，还是对数据进行同步和质量整改，都需要投入大量的人力成本。大型企业人员结构十分复杂，到底谁应该为某一项数据的"解释"和"质量"负责，是数字化转型工作的重点和难点。如果难以确定某类数据的责任人，那么不仅该数据的价值难以发挥，还会导致该数据的质量问题不断积累，甚至所产生的负面影响会不断扩大。

2. 数据开放水平不足，取用数困难

除了对数据资源本身的管理能力有限，数据的总体开放水平不足也是导致大企业数字化转型乏力的痛点之一。当代大数据观点认为，数据的价值很大程度上来自于连接，不仅来自连接不同的物理和虚拟实体，还在于连接业

务知识和事实信息。将不同领域、不同业务、不同场景的数据进行关联、融合，有利于创造激发出更有价值的商业洞察结论，更有效率地提炼和挖掘出潜藏在数据资源背后的业务机会。

基于上述讨论，"成功"的数字化转型依赖于充分的数据和信息共享。反过来看，如果企业的数据资源开放程度不足，将导致数据的实际需求方无法高效地触达对应的数据资源，进而无法通过整合信息的方式实现更多有意义的数字化应用创新。很多大型企业的数据资源很丰富，但相比于数据规模总量，其数据资源的总体利用率却十分低下。除了数据质量方面的客观因素，数据开放水平不足也是导致该现状的重要因素。

从大型企业的视角看，数据的开放不足通常体现在三个层面。

第一个层面是部门内部的数据开放性不足。很多企业为了保证数据使用的规范性、安全性，在数据应用流程的管控上采用了非常谨慎的策略。业务人员获取特定的数据资料用于业务分析或设计数据应用，通常需要经过烦琐的层层审批。行政上紧密节点控制会导致数据的及时性和可用性大打折扣，这会影响业务人员提出数据方面需求，进而影响企业内的数据创新活力。

第二个层面是部门之间的数据开放性不足。大型企业的"部门墙"问题通常比较严重，不同业务部门各自开发、维护、运营各自的核心信息系统。除了保障业务流程有效执行的必要数据交互外，隶属于不同业务部门的系统之间较少进行信息共享。在很多大企业中，一些业务部门甚至完全不了解其他部门有哪些系统，以及它们掌握了哪些有价值的数据资源，就更别提跨业务专题的数据融合应用了。

第三个层面是企业内外部的数据开放性不足。对于规模庞大的企业来说，其掌握的数据在规模增长的同时，其业务敏感性也在不断增加，这些企业出于安全性、合规性方面的监管要求，在使用数据时受到很多限制。对于医疗、金融、能源等重要且特殊的行业，相关组织或企业快速生成的海量数据虽然蕴含着重要的业务知识，但是其信息开放程度十分有限。而相关科研机构、高校及创业企业亟须这些宝贵数据资源，如果能将这些内部数据与跨组织的外部数据进行融合，不仅可以促进行业的快速发展，还能催生出许多交叉领域的新型数字化场景。

3. 业务惯性很大，转型风险高

除了数据方面的因素，组织因素对大型企业数字化转型的影响同样不可小觑。企业规模越大，转型越困难，其主要原因在于需要转型的业务节点及关系过于复杂。相比于小企业可以灵活调整自身的业务组织方式和管理经营模式，大型企业会面临更大的决策两难——若转型力度不足，看不到效果；若转型力度过大，决策失败导致的后果又可能无法承担。

数字化转型活动存在很大的机会成本，这可以看作是组织惯性，是很多企业转型工作中的"绊脚石"。大型企业在传统模式下已经形成了成熟的运作机制，甚至利益格局。该机制下人与人、人与组织、人与信息的关系都已形成默契关联，系统趋于稳态。而一旦借助"转型"之势，向组织中引入新的变量，必定会打乱固有的模式，导致混乱，至于混乱过后是期待的"大治"还是持续的"大乱"，则有很大的不确定性。

在一个企业中，很少有人能够承担全面转型的风险，失败的转型往往以 CEO 或 CTO 的引咎辞职潦草收场，如果不是企业遇到非同寻常的发展危机，有魄力的主动转型者自然是少数。对于传统企业来说，数字化转型意味着二次创业，虽然有不少先进的行业经验和技术经验可以参考，但是没有一项转型工作是可以直接复制落地的。

面对如此多的不可控发展因素，对大型企业这个复杂系统进行数字基因改造，构建新的组织形态和业务能力，需要经历太多"折磨"考验，这不仅让很多企业管理者在开始阶段就望而却步，也容易在任何一个随机的失败发生时，就自我怀疑，提前终止转型大计。

第 15 问
企业应该如何获取"数字化"管理能力

在确定了数字化转型的战略目标后，企业应该如何通过具体的操作有效地构建并获得数字化能力呢？数字化转型工作是一个持续深入开展的过程，也是一个基于迭代反馈、循序渐进的落地过程。我们可以将企业的数字化能力分成管理和技术两个维度，企业需要对这两个维度的能力建设进行决策和业务规划。

从管理维度看，数字化转型的本质是业务的转型、组织的转型。技术是工具，而数字化是形容词，转型的主体应当落在企业的经营活动本身。企业在进行数字化转型的过程中，不仅需要推动各种信息技术工具的开发，对自身经营管理方式的改变和调整或许才是更加重要的。更进一步而言，应该是先形成方法，再进行技术落地，企业需要有一个管理目标，然后再考虑其底层技术上的具体实现方式。"数字化"管理能力的四个维度如图 11 所示。

1. 组织方面的管理能力建设

数字化企业与传统企业在组织架构上存在区别，在资源调度方式上也有显著不同。数字化企业的组织更加扁平和灵活，以数据驱动决策，以目标驱动活动。

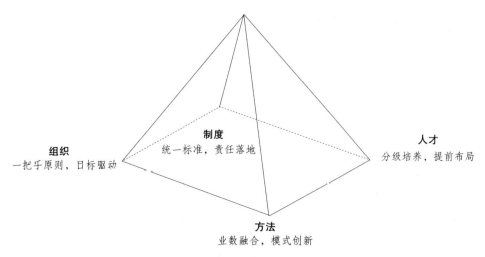

图11 "数字化"管理能力建设的"四个维度"

例如,在组织管理活动中,企业更适合采用ORK绩效管理方式,以目标来驱动员工的行为。以目标为驱动的管理方式,是依赖于准确、及时的信息。通过感知企业的经营状态与市场环境,企业能实时地对组织内外部的各种关键事件进行有效的决策、反馈和调整。

在数字化组织中,管理活动的目的是对"事"进行规范,而不是对"人"进行约束。在数字化组织中,数据部门、信息部门从成本中心慢慢过渡为利润中心。数据要素对于企业经营的重要性得到了进一步"拔高"。

因此,在新型数字化组织中,企业"一把手"将更加关注数字化相关的建设和业务实践,围绕数据价值的挖掘与实现,更有效地调度相关资源。在开展具体业务活动时,要求企业各部门之间进行数据贯通、数据融合、数据验证和数据协同。"部门墙"在面对数据整合带来的巨大价值潜力下,逐渐被削弱或打破。"信息链"将对应"价值链",要求一切组织活动向数据分析活动靠拢且整合。

2. 制度方面的管理能力建设

数字化的落地必须依靠配套、成熟的管理制度，尤其是数据质量标准、采集、治理以及应用方面的制度。管理制度是管理活动创新的成果，也是员工开展各类数据活动的规范、科学、标准的参考依据，能够保证数据管理与应用活动的一致性。因此，企业要想迅速转型成为真正的数字化企业，就必须清晰地定义和数据相关的活动的标准，避免数据资源的乱用、滥用、误用。

除了围绕数据进行制度建设，还要围绕人进行制度建设，人是所有数据活动的执行主体，任何数字化企业都需要以人为本，方能推动数字化目标的落地。在华为的数据治理工作体系中，特别提到了数据 Owner（责任人）这个概念，数据 Owner 承担了对数据进行管理的权力以及相应的责任。数据 Owner 将企业中的数据资源与人建立起关联，使企业中的相关方明确自身在数据管理活动中应当做什么，以及所需承担的责任，并将这些内容通过制度进行固化。

3. 方法方面的管理能力建设

企业进行数字化转型，要构建出有效的、具备数字化基因的企业管理方法和业务运营流程。简单来讲，就是要知道"数字化"到底应该怎么用，这也是整个转型中最核心、最困难的部分，即设计出满足业务目标的数字化业务模型。

在数字化业务模型中，需要定义有哪些人、组织、资源、技术方面的要素，需要明确技术在这里扮演的角色，以及技术与技术、技术与人之间的关系。在该过程中，针对具体的业务需求，找到可靠的数字化方法，能够基于以数据科学为中心的技术解决方案，"多快好省"地达到预期的业务目标和数据资源应用效果。

缺乏数字化业务的想象力，会阻碍大多数企业进行数字化转型的步伐。当然，企业可以基于优秀的行业经验进行方法的复制，但更重要的在于，企业要了解自己，了解业务与数据科学结合的核心机理，还要学会因地制宜。这些核心机理对应着数字化活动的一些本质规律，如果能够娴熟掌握，相当于掌握了"炼丹术"，能够构建出各种惊艳的数字应用场景。

在方法的设计环节，我们需要认识到有些业务活动可以被数字化，有些则不能。如何判断业务被数字化应用替代的可能性？那些可以被数字化的部分，实际上就是能够被复制的部分，而复制的前提是标准化。机器比人厉害，关键就在于能够快速、低成本、自动地处理结构化、标准化的任务，且不会出错。

业务从加法变成乘法，本质在于找到了那个"公因子"。如何才能发现这个"公因子"？这就需要足够的行业积累和产业经验，甚至有一线员工的日常业务实操总结。对于任何数字化建设与实施项目来说，第一步都是业务设计，之后才是系统或工具的设计。

4. 人才方面的管理能力建设

企业的数字化转型工作离不开人才队伍的建设，人的数据素质和数据应用能力决定了数字化转型效果。尽管数字化工具替代了人的一部分工作，但本质上来说，工具是要为人赋能，为人提供相应的技术支持，帮助人更好地完成本职工作。

成功的数字化转型工作既依赖优秀的工具，也依赖优秀的使用工具的人。有时候，即便数据资源很丰富，数据平台建设得很成功，数据管理制度很完善，但数字化系统和工具用不起来，无法访问到数据或不会用数据，数据管理制度又因太复杂、太烦琐而执行不到位，那么数字化项目的最终结果也是失败。

人员的成长和工具的进化是相辅相成的，企业的数字化建设一定离不开对业务人员的专业培训和对综合数据应用人才的长期培养。在此期间，数字化教师与教练、数字化管理咨询、数据文化建设、学习平台建设、考核激励、知识库和案例库开发、"产学研"综合机制搭建等，都是经常采用的人才培育计划。

此外，在设计和开发数据工具时，要充分考虑企业各层级人员的数据素养，同时促进员工在使用工具时对数据进行深刻理解，让员工的相关能力得到潜移默化的提升。当前，在设计数据方面的技术工具时，很多企业会关注如何培养人的数据意识和数据感知能力，这就好像搜索引擎推出并广泛普及之后，人们习惯于有问题去自助搜索，而不是张口问人。

数字化人才的培养目标分为三个层次：

第一个层次是了解如何在业务中使用数据；第二个层次是了解如何设计数据模型，开发数据资产，挖掘数据的潜在价值；第三个层次是了解如何在业务设计中提前布局数据感知的关键环节，具有主动获取数据的意识和前瞻性视野。总之，只有在业务中真正用到了数据，才算真正实现了数字化价值链的效果，人才才是数字化落地"最后一公里"的决定性因素。

第16问
企业应该如何获取"数字化"技术能力

在企业的数字化转型中，不仅需要进行数字化管理能力建设，还要进行数字化技术能力建设。如果说管理能力决定了企业数字化转型的形式和效果，那么技术能力则决定了数字化转型的质量和效率。数字化转型的有效落地，离不开数据资源和与数据资源配套的系统工具的开发建设,其中,数据资源相关的技术能力要素包括数据和知识,系统工具相关的技术能力要素包括算法和算力,下面将从数据、知识、算法、算力等方面介绍企业构建"数字化"的技术能力(见图12)。

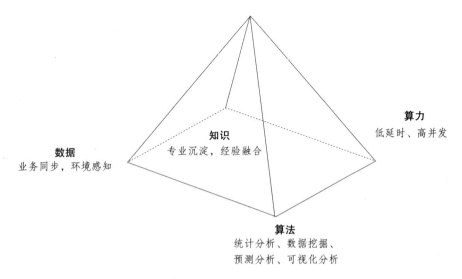

图12 "数字化"技术能力建设的"四个维度"

1. 数据的技术能力建设

数据是数字化转型的核心,对于数字化转型与业务创新,数据是基础。企业开展数字化转型,目的是用好数据。因此,为了保障转型工作的落地效果,首要工作就是构建充足、可用的高质量数据资源。

所谓充足,即企业需要积累足够多的数据,保证这些数据可以覆盖足够多样的业务场景和产业端案例,从而在各种数字化业务应用方面保证信息内容的可靠和完备。为了积累充裕的数据资源,企业一方面可以通过业务系统的数据同步和整合的方式,从生产环境的业务系统直接更新数据资源,另一方面可以通过构建更加完善的数据感知能力体系,对非结构化的环境信息进行主动获取。

对于数据同步工作来说，通过成熟的技术中间件可以非常便捷地实现数据的搬运，把源端业务系统中动态生成的数据，不断复制、迁移到目标数据系统中，供后续阶段使用。该环节的操作使数据生产环境和应用环境彼此分离。

另外，数据的同步模式有批处理、流处理、微批处理等。批处理是指当数据积累到一定程度时，统一对同一批次的增量数据或全量数据进行更新同步；流处理是指当源端系统不断生成数据时，实时地将新产生的数据进行同步；微批处理是把源端系统的数据流对象，切分成多个小批次，对每个小批次的数据进行动态同步。

在数据同步任务中，需要对数据内容进行转化。例如，对数据的精度或编码格式进行调整，用函数或模型改变数据特征的表现形式。从数据内容转化的视角看，数据同步又可以划分为 ETL 和 ELT 两类。ETL 数据同步方式是指先抽取源端系统的数据，然后进行数据格式转化，最后加载到目标系统。数据从业务系统同步到数据仓库（Data Warehouse）采用的就是 ETL 的方法；ELT 数据同步方式在对源端系统抽取数据后，直接加载到目标系统，后续具体使用数据资源时候再考虑数据表现形式的转换问题，数据从业务系统同步到数据湖（Data Lake）采用的就是 ELT 的方法。

数据同步的目标业务不仅限于对源端系统的数据进行简单的隔离备份。实际上，更为核心的任务在于对数据进行深度的整合与优化。目标系统会与多个源端系统对接，这些源端系统服务于不同的场景与功能，拥有各自独特的数据表结构。在目标系统中，这些多样化的数据源将经历一次集中的汇聚与融合。

目标系统采用基于分析主题的"宽表"结构设计。这一设计允许来自不同源端系统的数据，即使原本分属于不同的数据表，也能在目标系统中找到共同的归宿——即同一主题表。这种整合不仅提升了数据的利用效率，更为该主题下的大类应用提供了强有力的数据支撑与赋能。

数据感知能力体系建设，是一种主动获取数据的技术实现方式。所谓数据感知，就是通过采集器或传感器捕捉业务环境中的关键信息，并将其以数据的形式进行存储，这些捕获的原始数据大多以非结构化形式存在，为当前的数据资源库提供了有效补充。

数据感知与数据同步的核心区别在于，数据感知是一个自主驱动的过程，它将数据价值链的开发环节进一步前置，从数据获取的初期阶段就开始进行精心布局。这使得企业在数字化场景的建设中能够更加主动、更加可控。数据感知包含软感知和硬感知两种形式。软感知是对数字世界的信息感知与数据记录，相关方法比较成熟，主要的技术手段有埋点、日志数据采集、网络爬虫等。硬感知是对物理世界的信息捕捉与数据记录，形式比较多样，主要用于工业及供应链场景，涉及二维码、条形码、磁卡、RFID、OCR、图像传感器、音频传感器、视频传感器及工业专用传感器等技术载体。

数据技术能力的高低，除了体现在数据的规模上，还体现在数据质量上。为了保证数据质量，企业需要一些可靠的技术工具和方法。为此，企业通常会构建数据管理平台，该平台能够统计、展示、比较数据对象的基本信息，分析数据之间的"血缘关系"，并追踪数据项关联的业务系统、数据服务、技术应用以及责任人或责任单位。此外，企业还需对数据质量进行自动化的核查，以提高发现潜在问题的效率。在明确数据质量标准的基础上，构建并编码化数据质量核查规则，通过代码脚本或平台配置工具对数据库进行系统性扫描，从而及时发现并处理数据质量问题。

2. 知识的技术能力建设

除了数据本身的积累，企业为了更好地应用数据，还要进行知识的数字化能力构建。实现知识的数字化，是新型企业有效开展数据应用创新的重点工作之一。若企业能将深厚的产业知识、行业准则和业务案例以数字化形式长期积累，并结合其数据平台技术基础，从数据资源中提炼出更具针对性、精准的关键信息与商业洞见，那么企业便能充分释放数据资产的综合价值，实现更深入的数字化场景应用。

业务知识水平的高低，直接影响了企业数字化应用的最终成效。数字化转型的本质在于通过机器替代人力执行业务活动。那么，机器的业务能力又源自何处呢？目前主要有两种策略：一是纯数据驱动法，二是知识或经验驱动法。

在数据驱动法中，通过机器学习或者深度学习技术，企业从可观测的数据资源中自动识别、挖掘出有价值的业务规律，即那些蕴含在数据背后的潜在知识，并将这些知识转化为机器可理解的智能服务。而在知识驱动的策略中，则是直接对人类的业务知识进行编码，将专家的经验智慧注入机器，使机器能够迅速利用这些人类已经掌握的知识。

展望未来，智能算法的应用将更多地探索数据与知识融合的数据建模技术，这一趋势将促进显性知识和隐性知识的充分利用。例如，融合先验概率的贝叶斯推断模型、具有正则化约束的回归模型，以及包含单调性约束或非负约束的深度学习模型，都是数据和知识"双驱动"的先进数据科学技术工具。近期，百度的"文心一言"大模型就是基于知识增强型AIGC（生成式人工智能）技术的成功尝试，它通过与不同行业知识的深度融合，为产业界带来了定向赋能与数字化能力的显著提升。

3. 算法的技术能力建设

算法是数据分析能力的核心。积累了数据资源，下一步就是数据的分析和使用问题。在数字化转型实践中，一般不对算法层面做太前瞻的创新，而是基于已有算法在新的场景中进行应用适配。深入理解不同算法的技术特性，能够帮助我们针对特定应用场景，更加精准地选择适合的算法技术，进而提升技术应用的实际效能。

随着数据科学算法的日趋成熟，很多算法模型都实现了开源化。企业可以通过第三方软件包或SDK（软件开发工具包）快速获取算法方面的技术支持。有时，对于同样的技术需求，有多种可行的算法选型方案，数据科学家需要综合考虑算法的时效性、准确性、鲁棒性等多个评价维度，确保算法选型的合理性和高效性。

企业在进行数字化能力建设时，一般会将数字化应用搭建在AI技术中台上。这样的平台提前搭载了常见的算法模型组件，技术开发人员可以更加便捷地开展数据分析以及数据建模实验。同时，对于一些较为简单的算法应用，企业也可以不依赖于深度的AI中台，而是基于BI商业套件或商业软件，同样能够实现重要的数据分析功能，并为用户提供具有实际业务价值的结论。

从应用场景的角度来看，数字化相关的算法涵盖了多个领域。统计分析算法主要用于对明细业务数据进行多维度的统计分析，揭示数据的概览、汇总信息及其基本统计分布特征。该算法不仅有助于业务现状的跟踪与数据资源的管理，还能为业务考核提供客观量化的依据。数据挖掘算法则致力于从数据中提取有价值的业务信息，探寻可供分析决策的业务规律，并对原始数据进行结构化处理，实现数据的高级特征表示。预测算法则展现出一定的智能化特点，能够基于各种数据模型直接推断出用户关心的目标业务结论，对未知事务进行预测，甚至自动做出决策。而查询算法和可视化算法则分别聚焦于解决关键信息的查找搜索需求以及数据对象的直观呈现需求。

4. 算力的技术能力建设

企业算力的重要性主要体现在大数据特征鲜明的业务场景随着数据资源的不断累积，企业要实现从海量数据中构建数字化能力，高效的数据处理能力成为其核心竞争力。依托坚实的算力基础，企业能够充分发挥数据规模的优势，将数据资源的量转化为数据服务的质。算法固然决定了数字化应用的最终形态，但算力则是将数据资源转化为信息价值的决定性力量。

算力的重要性主要体现在多个方面。首先，它支持"高并发"场景下的实时数据任务响应，确保足够多的用户能同时访问数据服务，实现服务的可靠与低延迟。其次，在数据查询需求中，算力支持对海量数据的批处理，实现集中化的数据特征提取与统计分析，从而在合理的时间范围内得出分析结论。此外，在智能化应用的设计和构建中，算力基于大数据资源进行数据建模，对模型参数进行调整和优化，并实时对前端场景进行反馈。

算力建设需要软硬件的双重投入。在硬件方面，大容量存储设备、高性能的CPU（中央处理器）、GPU（图形处理器）、TPU（神经网络专用处理器）等计算芯片、专用网络设施，以及各类环境数据采集传感器等是不可或缺的。而在软件层面，新型计算架构如分布式计算，通过联网多个计算节点，采用"分而治之"的策略，实现对数据处理能力的灵活扩展，有效解决了大数据场景下的资源瓶颈。

在数字化转型过程中，企业可以通过自主配置高性能硬件资源和分布式计算架构来构建算力环境，但更常见的做法是委托第三方进行基础算力环境的建设。这种第三方提供的算力技术底座被称为"云"，其产品形态包括云计算和云服务。云的核心理念是虚拟化，用户只需关注大数据的计算和存储资源，而无需深入底层的软硬件实现细节。在选型上，企业可以根据需求选择公有云进行弹性算力服务的租用，或者采购定制化的私有云产品。对于既需要数据安全与合规,又需要业务拓展弹性的企业来说,混合使用私有云与公有云的技术方案是理想之选。

第 17 问
数字化转型如何做到"以人为本"

随着数字经济的深入发展,很多企业在数字化转型方面已经交出了成绩不错的答卷。但仍有很多企业在转型过程中遇到了不少问题。究其原因,这些转型失败的企业是在人的维度上出了问题,是人对方法的执行不到位。数字化转型是组织的转型,组织是由人与人之间在业务上关联形成的,每个企业的组织文化基因和人员的构成不同,因此在数字化转型的效果上会存在很大差异。

企业数字化转型需要的不仅仅是理论丰富的讲师,还要有具备实践经验和指导能力的训练师。这就好比踢足球这项运动,尽管规则和技巧是共通的,但球员的个人素质、基础技能、努力程度、资源支持、悟性、团队协作以及策略运用等因素,共同决定了其赛场表现。

那么在数字化转型中,如何做到以人为本?应该在哪些维度考虑人对转型的关键作用呢?下面进行详细介绍。

1. 数字化转型的"牵头人"

首先,要保证数字化转型的牵头人足够坚定且强势。引领数字化转型工作的领导一定要亲自下场过问数字化转型的每一个环节,并且给予足够的资源支持。有效的数字化转型工作一般是"一把手"工程，领导的管理层次越高，数字化工作的推进越有成效。高层级的领导可以有力推动部门之间的业务配合与协同，不仅能整合不同部门之间的数据、系统，还能在特定的数据管理活动中协调不同部门的人力投入，保证数据管理的方法、标准、规定能够被业务部门高效而准确地执行。

以数据治理为例，这需要各业务部门结合实际需求，共同制定数据质量标准。这些标准不仅要涵盖每个业务部门自身管理的业务系统和数据表，还需规范跨系统数据表的一致性要求。制定标准后，各部门需在日常业务中严格审核数据，确保数据质量符合标准，及时整改存在质量缺陷或隐患的数据内容。这一过程需要组织上下的紧密合作，若缺乏高层领导的有力支持，则很难得到业务部门的积极配合，进而导致数据治理工作难以有效落地。

因此，对于在转型工作中发挥关键作用的领导者来说，持续提升数据技术素养和数字化理论认知水平至关重要。只有这样，数字化转型的牵头人才能在组织中发挥绝对的影响力，整合各方资源，果断决策，推动数字化转型取得实效。

2. 数字化转型的"执行人"

数字化转型工作中，每一项具体的管理策略及数字化应用场景的落地，均离不开具体执行者的智慧和努力。转型的最终成果，是人与机器（系统）相结合的全新业务模式。在新的模式中，人与机器相互配合，进行有效、深度的信息交互，实现企业中数据资源价值的挖掘与应用。因此，企业中各岗位业务人员的专业素养和技能水平，决定了转型的实际效果，这也是转型工作实现经济成效的最终落脚点。

从数据系统的创新构建，到数据资源的有效利用，再到数据内容的精准维护，都需要依靠人来执行，特别是广泛的基层一线业务人员。如果说领导者的认知决定了数字化转型的上限，那么基层一线业务人员的专业素质则确保了转型的下限稳定可靠。这一点对于非数字原生企业，尤其是传统行业而言，尤为重要。

一种典型的场景是，在数字化转型过程中，为了支撑特定的标准化业务流程，需要业务人员通过系统录入特定信息。这些信息必须遵循严格的格式和标准，以确保后续数字化应用能够基于这些信息达到预期的"自动化"效果。然而，在实际操作中，由于业务人员的数据基础素养不足，他们往往难以准确理解数据填报的规则和标准，导致不填、误填、乱填等现象频发，使得人工填报的信息几乎失去了使用价值，进而使得原本精心设计的数字化应用场景无法顺利实施。

针对上述场景，我们深刻认识到，在数字化转型过程中，必须充分关注人的能力水平。数字化方案的科学性和有效性固然重要，但其前提必须是可操作性强、易于执行。每一项看似"高大上"的数字化方法论，最终都需要结合实际的基层一线场景进行灵活适配。数字化应用场景下的相关业务流程应尽可能简单、便捷，减少对人的原有业务活动的干扰，同时还要具备一定的容错性。

除了对流程进行优化设计，我们还可以通过引入先进的工具来简化操作过程，提高效率。企业中的每一位与数据交互的人员都是数字化系统的关键用户。从技术产品的角度出发，我们需要兼顾系统工具的"感知有用性"和"感知易用性"，使其交互过程直观易懂、信息提示贴近业务实际，同时应用形态符合使用习惯和工作环境。

3. 数字化转型的"责任人"

数字化转型中，我们不仅要关注"牵头人""执行人"，还要深化对"责任人"概念的认知。数据，作为一种重要的企业资产，其管理、维护和使用过程都需要被严格规范和有效执行。

在数字化转型的企业中，构建一套完善的数据责任机制至关重要。这一机制不仅将数据资源与具体人员紧密关联，确保数据相关问题有人负责、有人管理，还能通过逐步建立的责任人考核体系，实现责任行为的可视化、可量化和可追溯。这样，我们便能在每个具体责任人的日常数据活动中确保数据管理制度的有效实施。

那么，哪些人可能承担起数据责任人的角色呢？简而言之，凡是涉及数据创造、管理和使用的人员，都应被视为责任人。

在数据创造阶段，责任人的主要任务在于确保输入系统的数据符合既定的质量标准，防止数据污染可能导致的数据误用或系统失效等问题。例如，订单号的非空性、配送地址的合理性以及订单金额的正数性质等。

在数据管理阶段，责任人的职责则体现在数据质量的持续改进、数据的定期同步与更新、数据基础信息的维护以及数据权限的严格管理等方面。通过实施主动式的数据管理机制，我们不断优化数据资产的价值，构建规范、安全、高效的数据服务体系，为企业内外的数据综合应用提供有力支持。

在数据使用阶段，责任人的主要关注点在于确保数据资源的安全、合规使用。这意味着数据资源必须在合理的业务范围内被规范使用，且责任人需对数据的使用方式和场景进行严谨评估与把控。例如，责任人需考虑数据应用是否符合行业规定和法律法规要求，数据的传输和使用是否符合数据安全管理标准，以及数据系统运行中是否存在敏感数据泄露、个人隐私侵犯等潜在风险。

第18问
影响数字化转型成功的关键因素都有哪些

企业数字化转型过程中充斥着各种不确定性因素,这些因素会影响转型方法和策略的实施效果,甚至决定了企业的最终转型成败。麦肯锡发布的咨询报告显示,当前企业数字化转型的成功率仅为20%,而在石油、天然气、汽车等较为传统的行业,数字化转型的成功率更低,仅有4%~11%。

那么,到底是哪些关键因素会影响企业数字化转型效果,这些因素又是如何在转型的过程中发挥影响的呢?下面将从天时、地利、人和这三个方面介绍数字化成功之路上需要关注的内容(见图13)。

天时
大势所趋,危机撬动

地利
"人、财、技、数"
能力汇聚

人和
上下一致,横向协同

图13 数字化转型成功的因素

1. 数字化转型的"天时"

天时，指启动这一变革能够最大化其效益的时机。企业做数字化就像再次创业，要择机而行、顺势而为、借力发挥，把握住当前大趋势下一切有利的内部和外在条件，促进技术与业务的深度整合，推动组织更加有效地克服自身的发展惯性，实现全方位的体系化转型。

首先，在数字化的浪潮下，当竞争对手纷纷采用新技术、新理念以更高效、更智能的方式运营时，故步自封的企业将无法避免被市场淘汰的命运。因此，紧跟行业发展的脉搏，及时拥抱数字化转型，是企业保持竞争力的关键。

不同的细分行业，数字化转型的进程是不一样的，但数据科学技术对各业务场景的渗透趋势一定是在逐渐加深。随着企业可利用数据资源的不断丰富，可获得的数据处理技术在便捷性、经济性方面的优势不断提升，企业将获得更大的动力进行转型——以更少的代价实现能力的快速跃迁。当面对同行都在加紧步伐进行产业升级时，企业也要时刻洞察外部市场变化动态，既要警惕传统企业转型带来的效率竞争，也要关注数字化技术催生出的全新商业模式竞争。

当然，并不是说数字化转型越早越好。在缺乏行业成功案例和足够数据资源的情况下，过早的数字化转型可能意味着更高的风险和不确定性。企业需要在对外部环境进行充分分析的基础上，结合自身的实际情况，选择最为合适的转型时机。这包括评估行业的整体数字化进程、评估企业自身的数据资源和技术储备，以及评估数字化转型可能带来的风险和收益等。

除了外部环境的考量，内部环境的准备同样重要。数字化转型的成功与否，往往取决于企业高层领导的决心和推动力。只有当企业高层真正重视数字化转型，并愿意投入足够的资源和精力来推动时，数字化转型才有可能取得预期的效果。

2. 数字化转型的"地利"

地利在数字化转型中强调的是资源的核心价值。数字化转型是一项极其消耗资源的系统性工程,资源涵盖人力、财务、技术和数据等多个方面,每一步转型都需付出巨大代价,以渡过转型期的挑战,最终实现蜕变。企业在进行数字化转型时,需要尽可能地发挥现场的有利条件,选择适合自己的转型策略路径。

在人力资源方面,关键在于确保业务人员的精力与能力得到合理分配。为了减轻转型对日常运营的干扰,我们应选择"无感"的工作方式来执行转型任务。例如,在数据治理上,运用自动化工具高效收集、确认和维护关键信息。在能力方面,技术底蕴深厚的企业自然拥有转型的先天优势。若企业在这方面稍显不足,则需通过提供用户友好的数据服务以及积极引入外部技术专家团队来弥补。

财务方面,资金不足常是许多企业转型迟缓的原因所在。在数字化建设的提案中,甲方常以各种理由婉拒,而成本往往是其背后的真实顾虑。资金紧张的企业需在有限的预算内精打细算,优先确保企业的生存与发展。

技术层面,企业若拥有核心信息技术,便能利用技术壁垒加速业务转型,如构建基于大数据的行业智能应用。若企业的技术实力不足,则可发挥模式或数据优势。许多传统企业拥有大量未被充分利用的数据资源,需先盘点这些数据,进而完善各业务系统数据的同步与整合,构建企业级数据资源目录,并通过数据治理和加工挖掘数据价值。

3. 数字化转型的"人和"

在数字化转型的过程中,"人和"意味着人员之间的紧密合作、高效协同和目标的高度统一。这一理念看似简单，但在实际操作中却异常困难，因为转型过程中常见的部门间推诿、纠纷、不透明执行等问题，往往源于责任和利益分配的矛盾。

数字化转型并非仅仅是引入新技术、新系统或利用数据来变革业务，它实际上是对整个组织结构和运作方式的深刻重塑。这种转型会触及每个部门、每个团队以及每个员工的"权、责、利"分配，打破原有的组织动态平衡，引入暂时的混乱，并促使组织在经历这一阵痛后达到新的平衡状态。

普利高津的耗散结构理论指出，组织从数字化转型前的低能量状态向高能量状态转变，必须通过积极的做功来克服原有组织结构的各种阻力。在这一过程中，如果人员间能够齐心协力、有效协作，转型的阻力将会大大降低；反之，如果缺乏"人和"，转型工作将面临重重困难。

为了确保"人和"，首先需要实现上下一致。数字化转型的目标在执行过程中应逐级分解，将总体战略细化为具体、可操作的任务。在目标分解的过程中，需要确保各级管理者和经办人员对数字化工作有共同的理解，确保下一层级的工作能够有效支撑上一层级的关键目标。为此，企业可以通过会议宣贯、文件传达、非正式讨论和组织培训等方式，促进上下协同。

其次，要实现"横向协同"，即各部门间在利益分配上达成和谐，以共同目标为导向，高效配合完成数字化转型中的数据规范、数据标准和数据制度制定。同时，在数据系统互联互通方面，各部门应积极组织推动所负责业务专题的数据治理工作，为数字化业务应用奠定坚实基础。为了实现横向协同，企业需要投入大量沟通工作，构建相对柔性的数字化转型落地方案，以协调各部门之间的利益关系，破除"部门墙"的阻力。其中，充分考虑各部门的业务特点和管理制度差异，构建相对柔性的数字化转型落地方案，是协调各种组织利益关系的关键所在。

第19问
如何科学衡量企业数字化转型的成熟度

对于企业数字化转型工作来说，构建一个稳固且可靠的量化评估体系至关重要。一方面，企业需要了解自身的数字化能力基础，发现自身在数字化建设方面的优势和短板，明确转型优化工作的具体方向；另一方面，企业需要对转型过程中取得的成果进行科学、客观且综合的评价，对投入与产出的关系进行系统分析，以支持更精准的决策制定。

任何项目或变革的成功，都离不开有效的评价机制，这是实现可管理性和持续优化的基石。数字化转型亦不例外，它需要一个科学的框架来准确衡量转型的成熟度水平。这一框架通常表现为一个多维度、多层次的能力评价模型，它能够为企业在数字化旅程中提供明确的指引。

当前，全球范围内已经涌现出众多系统的数字化成熟度评价模型，既有通用的企业评价模型，也有针对特定类型企业或行业的专用模型。在通用模型方面，CMM、CMMI、DMM、DCMM[1]等经典模型备受瞩目；而在特定行业或企业模型中，IDC&思科的中小企业全数字化成熟度模型、华为的开放数字化成熟度模型、工商银行的商业银行数字化转型能力框架及成熟度评价方法、德勤的零售企业数字化成熟度模型，以及工信部的制造业中小企业数字化水平评测指标等均具有较高的代表性。

在不考虑行业及规模特性的情况下，CMM及其衍生的DMM和DCMM模

---

[1] CMM全称是Capability Maturity Model，即能力成熟度模型；CMMI全称是Capability Maturity Model Integration，即能力成熟度模型集成；DMM全称是Data Management Maturity，即企业数据管理成熟度模型；DCMM全称是Data Management Capability Maturity Model，即数据管理能力成熟度模型。

型在评价企业数字化能力方面具有重要的参考价值。下面，我们将对这些模型进行详细介绍，以帮助企业更好地理解如何应用它们来评估自身的数字化成熟度水平。不同成熟度标准之间的关系如图 14 所示。

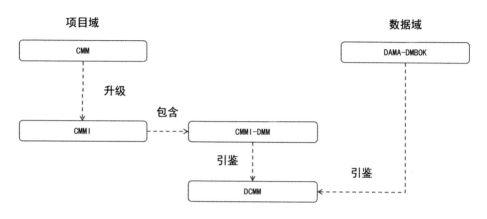

图 14　不同成熟度标准之间的关系

1.CMM 与 CMMI

CMM 有时也被标记为 SW-CMM，其本质上是一种用于评价软件承包能力并帮助其改善软件质量的方法。该模型是由美国卡内基梅隆大学软件工程研究所于 1987 年开发的，其核心目标是协助软件企业有效管理和改进其软件工程过程，从而更高效地开发出高质量的软件产品。

CMM 是一种科学化、标准化的企业成熟度评价方法，在面向软件能力的评价基础上，后续产生的对企业数字化能力水平的评价需求，也均可以延续这一成熟度量化体系，衍生出相应的特异性考察维度和评价指标。该模型包含五个递进的成熟度等级，分别是初始级、可管理级、已定义级、量化管理级和优化级。

（1）初始级（Initial）：在这一阶段，企业的软件项目缺乏有序管理，项目进展常因缺乏规划而中断。管理活动缺乏系统性，项目成功主要依赖于个人经验，存在高度的不确定性。

（2）可管理级（Repeatable）：此时，企业已建立基本的管理制度和流程，项目执行开始遵循标准。项目变更能够依法进行，版本管理稳定且可追踪。新项目计划和管理基于历史经验，具备重复成功的条件。

（3）已定义级（Defined）：企业实现了全面的标准化和文档化，包括技术工作和管理活动。完善的培训制度和专家评审体系确保所有活动均可控制。项目团队对过程和职责有共同的理解。

（4）量化管理级（Managed）：企业设定了定量的质量目标，能够度量开发活动的效率和质量。通过建立过程数据库，企业能够预测产品和过程的趋势，并及时纠正问题。

（5）优化级（Optimizing）：在这一阶段，企业专注于过程的持续改进，积极采用新技术和新方法。企业拥有防止出现缺陷、识别薄弱环节以及加以改进的手段，可取得和过程有效性相关的关键统计数据，并基于数据分析得出最佳实践方法。

CMM 评价框架通过这五个等级，为企业提供了软件生产方面的历史与现状的准确评估，从软件过程管理的角度助力企业提升在软件构建和服务提供方面的综合能力。随后，基于 CMM 的演进，诞生了更先进的评价模型——CMMI，即能力成熟度模型集成。CMMI 将多个能力成熟度模型集成于一个架构中，成为一个跨学科的企业能力管理工具，不仅适用于软件开发，也满足了软件系统工程和软件采购的迫切需求。CMMI 定义了五个成熟度级别：执行级、管理级、明确级、量化级、优化级，高成熟度的等级标志着企业在软件开发方面的强大综合能力。

2.DMM

DMM 是由 CMMI 协会在 2014 年发布的，旨在为企业提供一套全面且实用的框架，以评估并提升其数据管理水平。DMM 不仅有效弥合了 IT 与业务之间的鸿沟，还采用科学的实践框架指导企业遵循标准化的升级路径，不断优化对数据资源的全方位管理活动。

DMM 模型深受软件能力成熟度集成模型（CMMI）的启发，沿袭了其基本原则、结构和证明方法，同时结合数据管理的独特需求，定义了一系列关键概念和行业共识。在某些场合，DMM 也被称为 CMMI-DMM，彰显了其深厚的学术和行业背景。

对于正在开展数字化转型工作的企业来说，DMM 是非常称职、可靠的成熟度管理工具，企业可以结合自身的组织架构、业务特征、利益相关者情况，从 DMM 中汲取灵感，构建出符合自身发展需要的数字化成熟度模型。

一个相对标准化的 DMM 模型框架中，数据管理成熟度不同层级的主要特点大致如下。

已执行级（Performed），数据作为项目实施的需求进行管理；可管理级（Managed），企业意识到数据作为企业关键资产的重要性，局部实现了常态化管理；可定义级（Defined），数据在组织中被视为关键生产要素；可度量级（Measured），数据被视为竞争优势的来源分析；优化管理级（Optimized），在一个充满活力和竞争的市场中，数据被视为生存的关键，企业持续投入资源，优化数据管理流程。

3.DCMM

在数字化转型和数据管理需求日益迫切的背景下，我国也推出了具有深远影响力的数据管理成熟度评估模型——DCMM，即数据管理能力成熟度评估模型。这一模型由全国信息技术标准化委员会主导编制，并于2018年3月15日正式发布，标志着我国在数据管理领域迈出了具有里程碑意义的一步，成为首个国家级数据管理标准（GB/T 36073—2018）。

DCMM模型在结构上与CMMI-DMM相似，它将组织的数据管理能力成熟度细分为五个等级：初始级、受管理级、稳健级、量化管理级和优化级。然而，与DMM相比，DCMM更加贴近中国数字化转型的产业发展特点，为金融、政府、零售、工业等多个领域的数字化建设与实施提供了切实可行且成熟的管理方法。

DCMM模型深入剖析了组织数据管理的核心要素，将其划分为八大能力域，具体包括数据战略（数据战略规划、数据战略实施、数据战略评估）、数据治理（数据治理组织、数据制度建设、数据治理沟通）、数据架构（数据模型、数据分布、数据集成与共享、元数据管理）、数据标准（业务数据、参考数据和主数据、数据元、指标数据）、数据质量（数据质量需求、数据质量检查、数据质量分析、数据质量提升）、数据安全（数据安全策略、数据安全管理、数据安全审计）、数据应用（数据分析、数据开放共享、数据服务）、数据生存周期（数据需求、数据设计和开发、数据运维、数据退役）。这8个能力域下又细分为上述括号中的28个过程项，共计441项具体评价指标，形成了一个全面而精细的评估框架。

与DMM相比，DCMM在内容维度上更为详细全面，并且在表述上更加贴近国内企业的管理实践。作为国家级标准，DCMM的定位层级更高，具有更强的权威性和指导性。

在DCMM模型中，数据战略和数据标准被赋予了极高的重要性。数据战略作为组织数据管理的最高指导原则，为数据管理活动提供了方向性的指引；而数据标准则作为数据管理实践的具体执行规范，为组织的数据管理提供了明确的操作指导。此外，DCMM还特别强调了数据安全和数据应用的重要性，这不仅为企业间的数据流通和交互提供了有力的信息安全保障，还推动了数字化建设与业务实践的深度融合，有助于构建更具价值的数字经济应用生态。

第 20 问
OKR 为什么适合推动数字化转型落地

数字化转型包括工具、方法、实施三个层面，工具层面是技术的转型，方法层面是业务的转型，实施层面是组织的转型。前两个层面的转型是针对具体的项目，而实施层面的转型则贯穿企业整个的管理运营活动，它的难度最大，因为它需要企业从组织结构、文化、思维方式等多个维度进行深刻的变革。但正是这样的转型，对企业的综合影响最为长远，它将成为企业数字化转型成功的基石。

数字化转型的核心在人。为了实现数字化转型的真正落地，企业需要构建与之相匹配的组织机制，以支持变革的顺利进行。同时，建立相应的绩效管理工具也至关重要，它能够帮助企业摆脱传统的机械式、流程式管理模式，激发员工的创造力和活力，使其更好地适应数字时代的变革挑战。

1. 数字化时代的组织特征

在数字化时代，企业的经营活动面临更大的挑战，无论是用户的偏好、产业的格局，还是技术的发展，都呈现出瞬息万变的特征。在这样的市场环境中，企业急需增强自身的适应性和反应能力，实时洞察外部市场的动态，并迅速调整业务策略。企业需要基于用户多样化、动态化的真实需求迅速整合资源，以灵活、柔性的方式提供定制化的产品和服务。因此，数字化企业正逐步采用一种全新的柔性组织架构，以替代传统的刚性模式。

组织作为战略与个体之间的桥梁，其结构必须与战略相契合。在数字化时代，企业的战略更加侧重于提升服务水平和创新思维，而非单纯追求通过标准化降低成本。因此，数字化组织不再追求庞大的规模，而是注重灵活性和敏捷性，使得有效业务单元正逐步向小规模化方向发展。整体来看，组织结构正由传统的科层制金字塔结构向敏捷的平台化、生态型结构演变，这种结构拥有更短、更精准的价值链路，从而极大地提升了组织效率。

典型的生态型组织由共享平台、业务团队和合作伙伴构成，其特点在于敏捷、高效、快速响应、协同作业、共创共建以及强大的数据留存分析能力。在数字化转型的核心理念下，组织将数据作为核心资源，连接各利益相关方，共同追求价值创造。各方通过合作、协同、创新，与外界环境进行有效交互，实现快速迭代和演化，逐步整合吸收组织体系中的更多价值节点，从而像自然界的生态系统一样繁荣生长。这种数字化组织不仅能更好地应对外部环境的变化和挑战，还能极大地激发员工的创新潜力，推动柔性组织建设和灵活用工模式，有效优化人力资源结构。

2.KPI 与 OKR

在迈向数字化时代的征途中，企业需要精心挑选和定制与之匹配的绩效管理工具，以确保员工能够高效地完成数字化转型的各项具体任务。KPI 和 OKR 是当前企业管理中备受推崇的两种绩效管理工具。KPI 侧重于对工作结果的考核，而 OKR 既重视结果，又关注工作的执行过程。下面分别对 KPI 和 OKR 这两种绩效管理工具进行介绍，并讨论为什么 OKR 能够对企业数字化转型起到很好的推动作用。

（1）KPI全称为Key Performance Indicator，即关键绩效指标，是工业化时代由粗放管理向精细化管理转变的重要产物。KPI的理论基石在于"二八原理"，它强调在考核工作中，应将主要精力聚焦于关键的结果和过程。这意味着，只需关注20%的核心要素，就能有效把握企业目标的实现。在制定KPI考核体系时，企业的战略目标被层层分解至每个员工，形成可量化、可评估的具体指标。通过考核员工的表现，激励他们高效完成任务，进而对整体工作行为产生积极的强化作用。KPI的逻辑在于，当每个人都在各自的岗位上尽职尽责时，企业的总体战略目标自然能够顺利实现。

（2）OKR全称为Objectives and Key Results，即目标与关键成果法，是一套明确和跟踪目标及其完成情况的管理工具和方法。OKR起源于英特尔公司创始人安迪·葛洛夫的创意，经过约翰·道尔在谷歌公司的推广，如今已成为Facebook（脸书）、Uber（优步）、LinkedIn（领英）等国际知名科技企业的标配，同时也在国内的百度、腾讯、华为、字节跳动等头部技术公司得到广泛应用。

OKR的核心在于关注工作对企业目标实现的贡献度，以及员工是否聚焦于主要任务，是否为实现目标积极思考和行动。它不仅仅是一种绩效管理方法，更是一种目标管理方法。OKR设定的目标包含O（目标）和KR（关键结果）两部分，其中O是对组织期望方向目标的简洁定性描述，回答"我们想要什么"的问题；而KR是衡量目标达成情况的定量描述，回答"我们如何实现"的问题。

与KPI相比，OKR更加注重员工的自我驱动力和自主性，KPI和OKR的特征比较见图15。组织目标是通过全员参与、上下对齐的方式制定的，过程公开透明，有利于全员参与管理决策，灵活应对外界环境的快速变化。OKR强调整体性和协作性，有效解决了个人目标与组织目标之间的冲突问题。它鼓励员工关注组织的整体利益，即使某些工作在个体层面难以直接产生效益。

总之，OKR 在推动整体、长期、非标准化、不确定性强的任务方面，具有显著的个体驱动作用。

KPI		OKR
	以考核为核心	以目标为核心
	标准可量化、可衡量	标准不一定可量化、可衡量
	重结果，轻过程	重结果，更重过程
	自上而下，逐层分解	上下协同，共同制定
	单向沟通，重视分配	双向沟通，重视复盘
	外在管理驱动	内在价值驱动

图 15　KPI 和 OKR 的特征比较

3.OKR"推动"数字化转型的落地

在管理学领域，著名的 XY 理论为我们提供了两种不同的管理视角：KPI 基于 X 理论，即人的消极性假设；而 OKR 则基于 Y 理论，强调人的积极性假设。对于正在经历数字化转型的企业而言，充分激发员工的积极面，使其主动拥抱变革，选择 OKR 作为新的绩效管理工具无疑将更有利于推动转型策略的落地实施。当前，国内很多科技型和互联网企业已经采用 OKR 作为目标管理方法，这充分证明了 OKR 与数字基因的组织管理活动具有高度的"体制"适配性。

OKR 之所以能够更好地支持数字化转型落地，原因主要有以下几点。

首先，OKR 赋予了组织更高的敏捷性，使其能够更灵活地应对外界环境变化。相较于 KPI 的刚性目标，OKR 在考核周期内更具柔性，可以根据实际需要进行频繁调整。当市场环境发生关键性变化时，OKR 能够帮助企业迅速调整方向，并提醒各级员工修改相应的目标。在数字化时代，这种快速响应能力对于企业来说至关重要，因为它需要不断适应快速变化的商业需求和竞争挑战，以及不断变化的客户关系、合作伙伴关系和产业链上下游关系。

其次，OKR 突出了以价值为中心的企业经营理念。在数字化管理变革中，企业关注的焦点是如何最大化发挥数据资产的价值，推动场景创新和模式创新，为实际业务应用赋能。OKR鼓励员工在总体经营目标下主动发现价值机会，以"自组织"的方式进行任务协作和价值共创。

这种以数据为关键养料的过程，与数字化应用创新活动在价值创造方面的底层思想不谋而合。无论是采用OKR进行目标制定，还是利用数据资源进行业务拓展与价值提供，都是自下而上的主动式管理活动。OKR不仅为数字化转型中的企业提供了强大的市场环境感知能力和商业决策研判能力，还激发了每个员工的综合潜能，共同挖掘"创新"价值，积极应对数字经济下的各种"不确定"挑战。

最后，OKR促进了组织的开放性和协同性，有助于追求企业的总体目标利益。数字化转型是组织的全局性转型，需要各层级、各部门之间的紧密配合和目标一致。只有实现系统上的互联互通和数据上的协同治理，企业才能在整体上实现真正的转型落地。然而，在这一过程中，往往会遇到总体利益与个体利益、企业利益与部门利益之间的冲突。对于这类模糊、不明确且难以标准化的综合性需求，传统的KPI考核方式往往难以准确评价员工的价值，也难以激发员工朝着共同的大方向努力。相比之下，OKR通过其灵活性和包容性有效协调了总体利益与个体利益、企业利益与部门利益之间的关系。它让每个人都能在追求个人利益的同时，看到并认同组织的整体目标，从而确保了转型工作的顺利进行。

第三章

数字化技术篇

第 21 问
中台和数据中台是不是一回事

中台几乎是当前所有企业在数字化建设中的"标配"项目。那么,中台到底是什么呢?还有当前对互联网企业及正在向数字化企业过渡的传统企业来说非常时髦的数据中台,这二者又是什么关系呢?

中台,作为一种组织架构的创新,其核心目的在于显著提升企业资源的整合效率,以满足外部市场日益动态化和激烈化的竞争需求。中台与数据中台的关系,我们可以将其视为一般与特殊的关系。中台作为一个广义的概念,涵盖了数据中台以及其他各种中台形式。而在这些中台中,数据中台因其与企业数字化转型的紧密联系而备受瞩目。

1. 什么是中台

为了深入理解中台的概念,我们首先需要明确前台与后台的定义。前台通常指的是与用户直接交互的前端业务应用,如网站、App 等界面;而后台指的是支撑这些业务应用运行的基础资源要素,如服务器、数据库等。后台的资源要素往往粒度较细,需要通过精心的组合与配置,才能构建出满足各种需求的前端应用。然而,这种从底层资源开始逐步搭建前端应用的方式,不仅成本高昂,而且耗时较长。

为了提高业务应用构建的效率,中台的概念应运而生。中台位于基础资源层与业务应用层之间,作为一个中间层,发挥着承上启下的关键作用。在中台，后台的基础能力得到了高度的封装与整合，形成了组件化、模块化的要素结构。这些新的要素结构不仅集成性更强，而且业务功能的颗粒度更大，有利于组织能力的快速复用和增量开发。

中台模块的划分主要依据其功能的使用频度和重要性。拥有这些中台模块的企业，在构建业务应用时可以基于既有的能力基础迅速展开工作，极大地提高了工作效率和响应速度。这种中台能力的存在，使得企业具备更强的灵活性和适应性，能够迅速应对用户需求和市场环境的变化，从而在项目实施成本上占据明显的竞争优势。

此外，中台结构还能将后台基础层中专业性更强、细节更多的基础要素信息隐藏起来。该功能提高了资源的可维护性，减少了重复建设的投入，促进了组织核心能力的广泛应用与共享。

2. 中台的主要分类

（1）业务中台。业务中台作为现代企业管理中不可或缺的一环，其概念深植于企业运营的实际需求之中。它旨在将前台的共性需求解决方案提炼成稳定且可共享的业务服务能力。业务中台以业务领域为界限，精心构建出高内聚、低耦合的能力中心，从而塑造出一个持续进化的企业级业务能力共享服务平台。中台部门为前台提供业务支持，在创收方面发挥出比后台更直接的作用。

在互联网企业中，业务中台的形态尤为鲜明，它表现为一系列各具特色的能力中心。以电商行业为例，用户中心、商品中心、订单中心、合同中心、交易中心、库存中心及营销中心等，都是业务中台的重要组成部分。这些中心各自承载着不同的业务领域，并通过灵活的能力组合，轻松应对前端多样化的应用场景。对于电商企业而言，无论是零售商城、门店O2O，还是社区团购，业务中台所蕴含的共性能力都成为它们快速响应市场需求、拓展业务场景的得力助手。

（2）技术中台。业务中台致力于支持前端业务的多样场景，而技术中台则聚焦IT系统的迅速搭建与高效运作。随着企业实施多个信息化和数字化项目的深入，往往会积累下众多具有功能共性的IT应用模块。这些模块通过集中运营与维护，得以构筑为技术中台，成为企业IT团队核心能力与核心资产的集中体现，有力推动了前端技术应用的迅速开发与迭代。

当企业构建起强大的技术中台时，其在IT建设方面将享有显著的成本优势。不仅如此，基于这一成熟技术中台所构建的软件应用，在鲁棒性、响应速度、并发处理等多个关键性能指标上均能展现出更为出色的综合表现。技术中台的能力通常映射至IT系统中相对通用的技术模块，虽然业务中台也常以软件功能或服务的形式沉淀共性能力，但技术中台更侧重于软件的底层架构、技术栈选择及通用的技术解决方案。

当前，企业的技术中台普遍倾向于支撑云的系统架构，即满足云原生的软件应用生态。这包括一系列关键能力，如DevOps运维交付一体化（涵盖开发工具、持续集成、虚拟化、自动化测试、配置管理、运维监控等）、微服务架构、轻量虚拟化容器、容器集群、服务网格治理、无服务器计算等。

此外，技术中台还不断积累和沉淀了一系列与具体业务无关的通用服务组件，如综合可视化组件、地理位置服务、统一权限管理、可配置业务流程、统一服务网关等，这些组件为企业的数字化转型提供了强有力的支撑和保障。

（3）数据中台。数据中台的核心目的是数据资源的共享和共用，它是企业在数字化转型活动中最重要的中台类型。基于数据中台建设，企业可以把原本分散在各业务系统中的数据进行集中管理，实现数据的整合与贯通，从而在企业级层面实现数据资源的共享。这一举措极大地提升了企业对数据资源的综合利用率，为企业的决策提供更为精准、全面的数据支持。

充分的数据共享是数据创新的基础，数据的价值也在于数据更广泛地关联与融合。然而，数据中台的建设并非易事，其挑战不仅在于中台系统的开发，更在于如何协调各业务部门，确保他们能够将各自的系统和数据与中台无缝对接，实现数据资源的接入和集中治理。

数据中台的建设与企业数字化转型活动紧密并行，其建设的质量和使用效果直接反映了企业转型的成效。尽管传统企业在转型时并不一定非要建立中台，但随着中台技术的成熟化和数据管理方法的标准化，数据中台已成为众多企业数字化转型的常规选择。

可以说，数据中台的建设是与企业数字化转型活动并行开展的，其建设的质量和使用效果直接反映了企业转型的成效。数据中台是数字化转型的载体，尽管传统企业在转型时不一定非要建立中台，但随着中台技术的成熟化和数据管理方法的标准化，数据中台已成为众多企业数字化转型的常规选择。

（4）AI中台。在数字化时代，很多企业通过人工智能技术来挖掘数据资源的价值，数字化应用也因此展现出日益智能化的特点。数据除了用于BI分析、报表查询、数据挖掘、信息检索、业务感知，还可以用于大数据应用建模。在庞大的数据集之上，企业利用机器学习、强化学习等数据驱动技术，构建出各种数据预测类的AI算法模型。

AI中台正是这些技术能力的汇聚地，它提供了模型设计训练、模型库、算法库、数据标注管理工具、模型训练监控服务等一系列基础能力。AI中台不仅为AI模型的研发提供了标准化的流程，还降低了模型开发的成本，提高了模型的复用性。AI中台通常与数据中台紧密对接，充分利用数据中台提供的数据资源及其标准化和预处理能力。

此外，许多人工智能企业积累了各种具备特色功能的AI核心能力，如智能检索、知识抽取、自然语言大模型、图像识别、语音识别、自动翻译等。这些能力通过AI中台进行集中管理，并以灵活的方式为不同需求的企业在智能化场景建设中提供有力的技术支撑。

除了上述提到的中台类型，还有组织中台、算法中台、安全中台、移动中台等多种中台概念。中台的核心在于模块化思维，并非特指某个系统，而是企业根据对特定资源组织效率的需求，构建出不同资源类型的中台，从而在某一维度上形成竞争优势。

3. 数据中台的主要功能

关于数据中台，最早可以追溯到 2014 年，当时阿里巴巴为了维护庞大的业务线条和复杂的数据体系，率先采用并普及了这一技术解决方案。随后，美团、京东、腾讯、字节跳动等互联网企业也广泛实践并应用了数据中台。随着各行各业数字化转型的深入，数据中台逐渐从科技企业扩展到传统企业，助力传统企业更好地整合优化数据资源，统筹协调数据能力，从而加速其数字化转型进程。

当前，不同企业在数据中台落地实施阶段，对数据中台都有不同的理解，导致中台的功能体系呈现多样性。下面我们将结合某互联网头部企业的数据中台架构，介绍数据中台的主要能力体系，如图 16 所示。

从宏观架构来看，数据中台自下而上包括三个层次：平台层、功能层和服务层。平台层提供大数据底层基础能力，以高性能处理企业中的海量数据资源，包括基础计算资源、网络资源和存储资源。为了与外部系统和前端应用实现顺畅的交互，服务层负责统一的服务注册、发布、管理和监控。而在功能层，数据中台集成了针对各种数据管理活动的主要能力，包括数据接入、存储、计算等六种，以满足企业多样化的数据需求。

（1）数据接入。数据中台具备强大的数据接入能力，能够统一接入不同业务系统的数据资源。通过 ETL 技术，它能够批量同步结构化数据库、

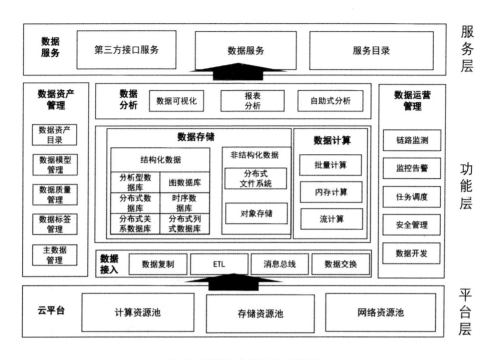

图 16 数据中台的总体功能架构

NoSQL 数据库、MPP 数据库、HDFS 大数据存储以及非结构化存储的数据内容。同时，对于流式数据如日志数据、传感器数据等，数据中台能够实时感知并自动采集。

（2）数据存储。在数据存储方面，数据中台根据数据类型和使用需求，灵活采用多种存储方案。对于关系型数据查询，它采用分布式关系型数据库；对于交互式多维分析，则选用高效的分析型数据库；对于图数据类型如知识图谱、网络关系等，它采用支持"高阶关系"查询的图数据库；对于时间序列数据，使用专门的时序数据库；对于非结构化类型数据，则利用分布式文件系统或对象存储。

（3）数据计算。数据中台提供强大的数据计算能力，包括批量计算、内存计算和流计算等。批量计算的特点是高吞吐能力，即计算服务器一次性对大批量的数据进行集中处理，满足数据预处理、大数据统计类应用及数据挖掘等需求；内存计算的特点是高效率，支持快速查询和交互式分析；流计算的特点是实时性，能实现动态数据源的实时感知和分析，如动态画像、故障预警、热度跟踪等。

（4）数据分析。数据分析功能基于数据计算能力，提供多种分析服务，帮助企业用户从数据中提炼有价值的商业信息和结论。这些分析功能包括数据可视化、报表分析、图谱分析、自助式分析、数据挖掘分析以及统计学分析等。

（5）数据资产管理。数据资产管理模块负责系统化管理中台上存储的数据资源及基于这些数据资源加工而成的数据产品。企业数据治理团队可以利用此模块对主数据、参考数据进行质量评价和整改，同时管理数据标签。标签化管理有助于为数据赋予业务意义，体现企业对数据资源的深入理解和应用能力。此外，数据资产将通过数据资产目录在中台上统一发布和展示，促进数据资源共享，强化数字化赋能。

（6）数据运营管理。数据运营管理功能为数据中台上发生的各种数据处理活动提供底层运维保障。主要功能包括链路监测、监控告警、任务调度、安全管理及数据开发等，确保数据资源、数据服务及数据功能的稳定运行和高效管理。

第 22 问
数字化转型涉及哪些学科内容

数字化转型作为近年的热门议题，已经渗透到社会的各个角落，对人才的需求也日益旺盛。从开发人员到数据管理人员，再到管理咨询人员，众多职业都与之紧密相连。这些人才大多在信息化时代的建设中积累了丰富的经验，其中不乏互联网产业和 AI 创新领域的佼佼者。

那么，数字化转型包括哪些学科领域，需要掌握哪些技能呢？笔者认为，从事数字化转型工作主要涉及数字与信息技术、数据分析与人工智能、云计算和大数据、管理学等方面的知识，如图 17 所示。

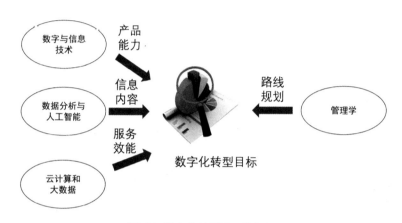

图 17　数字化转型涉及的知识

1. 数字与信息技术

在数字化转型的过程中，关键任务在于将实际工作融入信息系统的构建之中，根据企业对数据应用的特定需求，精心定制和开发相应的软件程序。通过投身软件开发这一核心领域，我们能够直接为数字化转型项目提供有力的 IT 服务支持。

在计算机能力方面，涵盖了系统需求分析与设计、编程技巧、系统运维、数据库管理以及网络安全等多维度技能。这些技能不仅在传统信息化建设中发挥了重要作用，如今更是成为数字化建设不可或缺的核心要素。在数字时代，计算机技术依然是实现各种数字化场景的关键技能，企业的数字化能力也必须通过先进的信息技术产品形态才得以展现。

值得注意的是，数字化项目中的软件开发与传统功能型软件开发存在显著差异。它涉及更为复杂的数据逻辑处理及频繁的数据库交互操作。因此，这对软件工程师提出了更高的要求。他们不仅需要精通实现系统基本功能的编程技术，还需深入理解和掌握如何精确无误地实现数据应用逻辑，确保系统在功能和性能上都能完美解决业务中的实际问题。更进一步，在系统设计的初始阶段，工程师们还需具备对数据类系统功能特性的深刻理解，确保技术产品能符合用户真实的 UI（用户界面）和 UE（用户体验）习惯。

2. 数据分析与人工智能

数字化转型工作来说，用技术手段解决实际业务问题，并构建出符合业务需求的数字化应用场景。因此，数据分析技能对于数字化转型来说至关重要。众多拥有数据分析专业背景的人才，其技能与转型工作高度契合。

在大数据时代，对于数据价值以及数据使用方式的认知水平，决定了数字化转型的落地效果。一个优秀的数据工作者，必须熟悉主流的数据分析技术，能够灵活运用数据分析的模型、算法和思维，将数据转化为商业价值。

常见的数据分析方法包括传统的统计分析方法、数据挖掘技术及人工智能技术。这三种技术在复杂性和理论深度上层层递进。

传统的统计方法能够基于结构化数据，通过统计计算揭示业务现状和趋势；数据挖掘技术能够开展探索性分析，发现业务规律，并处理非结构化数据，自动识别有价值的信息；人工智能技术利用数据集进行训练建模，构建出具有分类和预测能力的数据模型，为业务提供自动化、智能化的支持。

在数据分析类学科中，涉及各种主流的数据挖掘算法、机器学习模型。每种算法或模型都有其独特的应用场景。因此，在设计具体的数字化场景时，需要综合考虑算法或模型的技术特点、数据资源条件以及应用场景的约束，从而进行科学合理的技术选择。

当前，数据分析学科呈现出以下几个发展趋势：

（1）算法和模型的标准化、成熟化、框架化，使得数据分析方法的实现门槛逐渐降低，选择合适的方法比掌握代码细节更为关键，数据分析工作将在组织内部得到更广泛的普及。

（2）大数据应用特质日益凸显，特别是深度学习技术和大模型的应用，数据分析技术将广泛应用于海量数据的处理和建模，通过强大的"算力"基础释放数据资源的规模优势。

（3）业务知识的价值受到更多关注，数据分析不再是单纯的技术任务，而是技术与业务深度融合的综合性任务，对数据分析人员的业务经验和知识积累提出了更高要求。

（4）数据质量的重要性日益凸显，高质量的数据源比算法技巧更具实际意义，数据分析的广泛需求将推动数据治理工作的深化开展。

3. 云计算和大数据

数字化转型中，软件系统的综合性能面临着前所未有的挑战。为了应对海量的数据存储和计算需求，软件架构和底层技术选型正经历着深刻的变革。传统的软件架构在处理大量终端用户的服务需求时显得力不从心，同时，数据处理效率也遭遇技术瓶颈。特别是在大数据场景下，如何在有限的时间内对海量的源端数据进行集中备份和高效计算处理，以及对生产环境中高频数据流的实时监测与动态预警，都是亟待解决的问题。

面对这些挑战，"云"的解决方案已成为近年来数字化项目的核心趋势。这里的"云"涵盖了云存储、云计算、云平台等多个细分领域，其核心特征是强调软件系统的虚拟化和分布式能力。基于云原生的软件应用展现出强大的可扩展性，以及技术资源的组织柔性和调度灵活性。从工程实践的角度看，云技术可以近似理解为大数据技术。基于"云"的软件应用可以更高性能、更稳定地解决大数据场景下的数据分析问题。

与信息化时代不同，数字化时代的系统建设不仅要求采用"云"的技术，还要求开发人员具备在"云"生态体系中实现数字化功能需求的能力，并能够在"云"上进行相关技术服务的部署和维护。

在"云"的技术体系中，数据分析领域拥有独特的软件框架和编程技术，如 Hadoop、Spark、Flink、Elastic Search 等。这些技术不仅在语言规则和代码风格上与传统编程语言有所区别，而且其软件程序能够灵活运行在单台服务器或由多个计算节点组成的计算集群上。此外"云"的数字化应用在软件架构上，也和传统的信息化系统存在一定区别，从传统的单体架构、SOA（Service-Oriented Architecture，面向服务的）架构，逐渐演变为更加灵活、可维护的微服务架构，并在行业中得到了广泛的普及和应用。

4. 管理学

在数字化转型中，技术能力固然是基石，但管理学的智慧同样不可或缺。数字化转型不仅涉及技术落地，更是一场涉及管理、业务和组织的全面变革。因此，管理学与数字化转型之间存在着千丝万缕的联系，深入掌握管理学知识对于成功推动数字化转型至关重要。

管理学科的知识与技能，为数字化转型专家提供了结构化、系统化的分析框架，帮助他们精准把握企业的能力和现状，从而科学、综合地规划数字化转型的路径。这种规划并非盲目追求技术革新，而是先明确业务和组织的变革需求，再思考如何通过 IT 技术来配套实施。在这里，管理的能力和素质显得尤为关键，因为技术只是手段，而管理的最终目的才是实现企业的转型和升级。

随着数字化转型的深入推进,企业在这一过程中往往需要进行管理咨询活动。与传统咨询不同,数字化咨询更加关注 IT 技术实施与业务诊断的紧密结合。这就要求从事数字化咨询的管理人员,不仅要具备一定的 IT 技术和产品基础,理解主流 IT 概念和方法,更要深刻理解技术如何影响企业的各个利益相关者(员工、领导、客户)以及各项管理活动。

管理学知识的价值不仅体现在对业务的规划设计上,还体现在转型工作的组织协调上。数字化转型需要各部门之间的协同配合、数据共享、标准统一和业务联动。因此,需要针对数字化转型的总体目标,制定科学合理的工作流程、业务标准和管理制度,并确保所有相关业务部门和管理单元共同遵守执行。在这一过程中,从事数字化的管理人员需要具备高超的协调能力,能够灵活应对各种利益冲突,并采取有效措施激励和帮助企业各级人员积极投身到转型事业中。

第 23 问
为什么说互联网、大数据、人工智能是数字化的三驾马车

谈及数字化转型的兴起,人们往往对其突然间的"火爆"感到好奇,甚至疑问为何这一产业实践会呈现集中式爆发的态势。其实,这一浪潮的涌现并非偶然,而是由一系列技术与社会环境因素的交织推动。

在技术层面,一系列关键 IT 技术的迅猛发展,为各行各业的数字化转型提供了肥沃的土壤。其中,互联网、大数据和人工智能这三项技术尤为引人注目,它们被誉为数字化的三驾马车(见图 18),共同引领着数字经济未来的宏伟蓝图。

互联网	人工智能	大数据
消费互联网：PC互联网 移动互联网 工业互联网：物联网 5G	机器学习、深度学习、强化学习 知识计算 概率推断	并行计算 大数据技术栈：分布式计算、流式计算…… 云原生

图 18 数字化转型的"三驾马车"

1. 互联网：数据的渠道

互联网，作为信息化时代的杰出产物，其普及和应用为商业世界带来的最大变化就是实现了业务的线上化转型。这种转型不仅是信息化时代的核心变革逻辑，更实现了业务连接的广泛性和高效性。通过线上化，业务活动得以在虚拟世界中高效执行，其效率远超传统的线下环境。

线上化模式不仅固化了业务流程，还通过系统自动衔接减少了业务对接、沟通和流转的延迟。最典型的例子便是企业中的 OA 系统，它集成了档案管理、流程审批、财务报销、用章申请、自动考勤、文档收发等多种管理功能，极大地提升了企业内部管理的效率。

互联网不仅连接了企业内部的不同部门和人员，还为企业提供了更多触达外部客户的机会，使组织与外部客户之间的联系更加紧密。这种商业逻辑催生了众多"互联网+"业务生态，如"互联网+医疗"的在线医疗平台、互联网医院，"互联网+餐饮"的餐饮外卖服务，还有"互联网+购物"的电商平台、团购等，它们都在利用互联网技术不断创新和拓展业务。

这些"互联网+"企业天生就带有深厚的 IT 技术基因，对数据的使用和创新更为敏感和擅长。它们通过对线上业务积累的数据资源进行大数据分析，获取商业发现，持续优化业务和提升服务水平。这本质上体现了数字化的核心价值理念，预示着这一成功的数据实践模式将逐渐从互联网企业普及到传统企业，推动更多企业实现数字化转型。

在信息化时代，互联网的价值在于连接；而数字化时代，其价值在于作为数据的渠道。通过线上化，无论是企业的内部管理还是外部市场活动，都能以数据的形式被记录下来，为企业积累宝贵的数据资源。这些数据资源是数字化转型的基础，支持企业开展各种数字化创新实践。可以说，没有互联网，数据获取的自动化将无从谈起，数字化转型的效果也将大打折扣。

此外，互联网的内涵远不止于企业端 SaaS 应用和消费互联网，它还包括"物联网"的概念。传统互联网连接的是人与人，而物联网连接的是物与物、物与人。物联网技术通过传感器从工作环境中采集物理参数，传输到计算设备进行分析，实现对机器的控制决策，从而实现机器的自动化行为。自动驾驶、智慧电网、智慧楼宇、工业自动化等数字化应用场景，都是物联网技术发展的典型例证。

2. 大数据：数字化生产力

在数字化转型的各种实践应用中，不仅需要对数据进行采集，还需要对数据进行处理，如果对数据的处理效能跟不上，即使采集到再多的数据也用不了。换句话说，企业的数字化活动必须保证数据的采集效率和处理效率相匹配。在这里，互联网作为桥梁，连接了业务主体，推动了业务线上化，实现了数据的高效获取；而大数据技术则聚焦于提供更高的数据处理效率，主要包括高性能存储和高性能计算两大核心功能。

在高性能存储方面，为了灵活应对不同格式数据的存储、读写和管理需求，非关系型数据库（如 NoSQL 和 NewSQL）应运而生。这些数据库技术能够处理任意结构的数据源，极大地拓宽了业务适用性，从而有效应对数据多样性的挑战。

此外，随着大数据应用场景的扩大，数据规模急剧增长，需要构建能够支撑海量数据存储的数据系统和文件系统。分布式数据存储架构（如 Google 的 HDFS）应运而生，它通过多台机器组网构成集群，实现了对海量数据资源的统一存储和管理。这种分布式架构不仅降低了数据存储成本，还提高了 IT 资源组织利用的可扩展性。

在高性能计算方面，大数据技术通过创新设计计算任务的编程和执行策略，显著提升了数据处理效率。例如，引入并行计算架构和相应的并行编程技术（如 OpenMP、GPU、MPI），能够同时对多个近似的、单元化的计算任务进行并行处理，从而充分利用芯片资源。此外，分布式计算架构将复杂的计算任务分配给多个单台机器协同处理，流式计算架构则解决了实时计算的问题，使数据处理系统能够迅速响应外部业务环境的动态变化。

大数据技术的发展极大地推动了数据价值的转化效率，使企业能够更加主动、积极地利用大数据资源进行管理和决策。其规模优势不仅弥补了数据分析经验的不足，还拓宽了人类认知商业世界的能力边界，促进了众多前所未有的数字化创新成果。

3. 人工智能：用数据进行思考

如果说大数据技术解决了数据处理性能方面的问题，那么人工智能技术则解决了数据处理的质量问题。人工智能技术的本质是，采用机器学习、深度学习、强化学习等自动化的建模手段，从企业的数据资源中自动构建出复杂的数据模型，这些应用模型具备自动识别、自动预测等智能化应用特点。数据分析不仅是辅助人来进行业务决策，还可以和业务系统以及智能终端相结合，直接为用户提供服务。

当前，人工智能的发展尚处于初级阶段，每个数据模型只能解决一类特定的任务，在具体应用中还会受到特定业务场景的约束。尽管如此，通过分别对每个特定的业务需求进行训练建模，人工智能技术已经越来越多地出现在各种数字化应用中。

人工智能模型不仅实现了经验和规律的数字化，更对动态的产业实践知识进行了抽象表达。随着技术的普及和应用，数字化转型的步伐愈发坚定。在这一趋势下，机器不仅成为信息的提供者，更成为工作的执行者。人工智能技术和产品不仅降低了人力成本，还能够在危险、枯燥或极端环境中替代人类工作，从而优化传统生产方式；同时，在消费场景中，它们也改善了人们的日常生活体验。

随着大模型等深度学习技术的日益成熟，人们从数据中提炼智力的能力日益增强，预示着"更多数据意味着更多智能"将成为未来技术发展的核心驱动力。在此背景下，企业若能建立科学的数据感知能力、实施有效的数据治理、推动数据共享，将有机会在智能化竞争中获得宝贵的产业优势，从而引领下一个技术周期的发展。

第24问
数据库、数据仓库、数据湖、数据中台有什么不一样

数字化转型的核心是对数据资源的应用，那么，企业的数据资源是存储在哪里的呢？在数字化建设中，提到对数据资源的访问和使用，通常会涉及很多和数据存储载体相关的技术概念，如数据库、数据仓库、数据湖，以及

数据中台等，它们的关系如图 19 所示，下面将对这些存储数据的技术概念进行详细介绍。

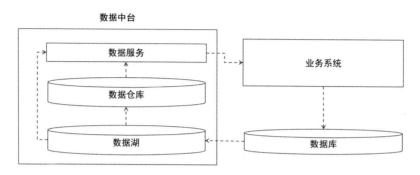

图 19　数据库、数据仓库、数据湖与数据中台的关系

1. 数据库

数据库是存储数据的技术载体的统称。这个概念强调的是能够按照一定的组织形式对数据进行集中存储和管理。在现代信息系统中，数据库成了不可或缺的组成部分，为数据的访问和处理提供了坚实的基础。数据库与数据库管理系统（Database Management System，DBMS）紧密结合，后者是一种强大的软件工具，用于创建、维护和管理数据库。

从软件工程的视角看，数据库管理系统是操纵和管理数据库的关键，它使得数据库的使用变得高效而安全。因此，在许多技术讨论中，数据库和数据库管理系统往往被视为一个整体，不进行刻意的区分。

在功能特性上，数据库主要包括传统的关系型数据库和非关系型数据库（NoSQL）。传统的关系型数据库遵循 SQL 标准，擅长处理结构化表格数据，是信息化时代的主流选择。典型的关系型数据库包括 SQL Server、MySQL、Oracle 等。

和关系型数据库相比，NoSQL 数据库则摒弃了关系型数据库的 ACID 特性，以更加灵活的数据组织方式和扩展性，满足大数据时代的数据分析与应用需求。NoSQL 数据库并没有统一的标准，是一系列特殊功能特点的数据库的统称，常见的 NoSQL 有键值（Key-Value）数据库、列存储数据库、文档型数据库、图形数据库及时间序列数据库等。

（1）键值数据库的特点是通过 Hash 的方式实现快速数据查找，主要用于对大数据内容的缓存，处理对数据资源的高访问负载，其优点是高效的查询效率。常见的键值数据库有 Redis、Voldemort、Oracle BDB 等。

（2）列存储数据库的特点是将同一列的数据内容存储在一起，这样的数据组织形式可以更好地进行数据量的扩展，查询速度更快，同时有利于在分布式架构上存储数据资源。常见的列存储数据库有 Cassandra、HBase、Riak 等。

（3）文档型数据库的底层也是 Key-Value 结构，但是与键值数据库不同，文档型数据库不仅可以通过 Key 查询到 Value，还可以将 Value 看作一个结构化的文档对象，文档对象内部的属性信息是透明的，可以直接被查询到。通过文档的形式，可以灵活地定义各种复杂数据结构并存储相关信息。常见的文档型数据库包括 MongoDB、CouchDB 等。

（4）图形数据库主要用于存储网络结构的数据对象，对图形数据的查询和计算分析具有很好的支持性。与传统的结构化数据相比，图数据包含高阶的数据对象关系，传统的关系型数据库难以对这种复杂关系进行有效的识别处理，而图数据库的数据组织形式恰恰弥补了这方面的不足。常见的图数据库包括 Neo4J、Galaxybase 等。

面向使用场景，数据库可以分为事务型数据库和分析型数据库。

事务型数据库主要是针对企业的 OLTP 需求设计的。这类数据库通过业务信息系统，有效地实现企业业务活动的在线化、流程化和自动化。为了满足事务处理的精确性和一致性，事务型数据库必须严格符合 ACID 标准。因此，在选型时，我们往往更倾向于选择关系模型进行数据建模，以确保数据的完整性和准确性。

而分析型数据库则主要服务于企业的 OLAP 需求，为用户提供强大的交互式数据分析能力。这类数据库的核心技术要求是具备快速的查询响应和可扩展的存储能力。在数据库选型上，分析型数据库展现出更大的灵活性。对于结构化数据，维度模型成为数据建模的首选，因为它能更有效地支持复杂的数据分析操作。

此外，分析型数据库和数据仓库的关系更加密切，下面将介绍数据仓库。

2. 数据仓库

数据仓库（Data Warehouse，DW）的作用主要是解决企业中各种数据分析需求，是一种专注于数据应用价值方面的数据存储载体。数据仓库是单个数据存储，出于分析性报告和决策支持目的而创建，为企业构建数字化、智能化解决方案提供有效的数据资源支撑。在数字化转型工作中，数据的价值通过数据分析方法来实现，因此可以认为，数据仓库是数字化转型中非常重要的数据资源载体。数据仓库具有以下几个重要特征。

（1）数据仓库是面向主题的。在数据的组织存储过程中，数据仓库充分考虑到分析类需求的解决，通常按照不同主题对数据进行划分。比如，在金融行业中，数据仓库可以按照当事人、市场营销、银行、协议等主题进行数据表的设计和存储；在电商平台领域，则可能以交易、财务、物流等为主题构建数据仓库。这种按主题组织的方式，结合维度模型的数据建模，使得数据仓库能够更高效地支持 OLAP 需求及数据驱动的数字化服务。

（2）数据仓库是信息集成的。数据仓库中的数据源自于源端业务系统的事务型数据库。在事务型数据库中，数据记录按照特定的业务流程和组织逻辑进行划分。然而，为了满足分析性报告和决策支持的需求，这些数据需要经过重新组织和转换，以维度模型为基础进行重构，并最终存储在数据仓库的介质中。

换句话说，数据仓库是对不同业务系统中数据库的统一信息集成，在数据集成的过程中，需要有效地对分析主题进行科学定义和标准化设计。数据仓库的构建基础是信息共享和统一信息建模，其中存储的数据资源可以看作企业重要的信息资产，为前端不同的智能分析与自动事务场景赋能。

（3）数据仓库是加工汇总的。数据仓库中的数据并非原始的数据，而是经过一系列处理、加工后得到的结果。数据仓库中的数据表是原始数据经过结构化的加工、处理后的具象表达，在数据加工过程中引入了数据架构师、数据分析人员、业务专家对数据资源的业务认知和系统理解。数据仓库中的数据具有信息价值属性，具有业务应用导向性。

从原始的数据源内容到数据仓库中的数据表，除了要发生数据格式、数据结构方面的转化，还可能涉及数据挖掘与数据特征抽取等更复杂的预处理操作。例如，原始数据为非结构化的文本格式，用户很难直接对文本数据进行结构化的查询和分析，因此，技术人员通常会借助自然语言处理算法，从海量的文本信息中提炼出具有实际业务意义的结构化数据特征，进而在数据仓库中进行有序的存储和管理。

3. 数据湖

数据仓库中的数据，从原始数据源到目标数据存储介质，要经历 ETL 三个阶段，即 Extract（抽取）、Transform（转化）、Load（加载）。首先，Extract 阶段实现了对数据的复制，确保数据源的副本得以安全保存；接着，Transform 阶段则是对原始数据内容进行深度加工处理，旨在凸显数据的潜在信息价值。然而，这一处理过程也融合了数据分析人员对业务的主观解读，使得数据项可能不再保持其原汁原味。

通过构建数据仓库进行数据资源整合，一个比较明显的缺陷：数据使用的灵活性受到一定限制。一方面，数据仓库中转化后的数据表内容质量受限于数据分析人员对业务的理解和认知；另一方面，由于数据已经经过筛选和压缩，当业务需求或场景发生变化时，还需要重新从"源端"进行数据的采集和处理，数据需求处理效率较低。

为了克服这一难题，有人提出了一种创新的数据管理方式——数据湖（Data Lake）。在这种策略下，数据首先被集中备份和存储，而不在初始阶段进行预先处理。数据的使用者可以根据具体需求，在后续过程中对数据进行必要的加工。这种 ELT 的处理顺序体现了"数据在前，模式在后"的灵活处理策略。

在数据湖中，数据以近乎原始的形式存储，兼容各种数据结构，无论是结构化数据表格、图数据、时序数据、地图数据，还是文本、音频、图像、视频等非结构化数据或文件数据，都能在这里找到容身之地。这种广泛的兼容性使得数据湖能够统一存储和管理企业内不同来源、不同格式的数据，为前端数字化应用提供全面而核心的数据支持。

当前，一种称为"湖仓一体化"的新型技术架构在解决企业的大数据需求方面变得非常流行。该架构巧妙地结合了数据仓库的高性能管理能力和数据湖的灵活性，实现了两种核心数据存储方式的深度融合。在底层，它支持多种数据类型并存；在上层，则通过统一封装的接口进行数据资源访问，同时支持实时查询和分析。这一创新架构为企业数据治理和数据资源共享提供了强有力的技术保障。

4. 数据中台

数据中台是企业数据能力集中的载体，作为核心数据底座，为不同场景下的数据应用需求赋能，推动数字化场景的快速建设。与数据库、数据仓库、数据湖等概念不同，数据中台更多的是从企业能力的角度出发，是一个与数据紧密相关的抽象概念。在数字化转型的实践中，不同企业对于数据中台的理解各有侧重，技术选型策略也各具特色。

从技术层面看，数据中台等于数据存储加数据服务两个主要部分。数据存储部分既可以依托数据仓库，也可以基于数据湖进行构建。通常，我们可以将数据仓库部分进行逻辑上的分层设计，将未经处理的数据层称为贴源层，而将经过加工和整理的数据层称为分析层。在数据中台的管理与维护过程中，通常需要对从贴源层到分析层的整个链路进行监控和溯源，这不仅能确保数据质量的透明和可控，更为上层数据应用的开发和实施提供了坚实的技术支撑。

数据中台上的数据内容，并非直接暴露在外界系统中，而是通过服务化的方式进行了封装与隔离。外界系统以及用户需通过访问服务接口的方式，才能获取数据中台上丰富的数据资源，从而充分利用企业的核心数据能力。这种服务化的特点是数据中台区别于传统数据存储系统的关键所在，它不仅带来了数据处理逻辑的标准化，提高了数据应用的集成效率，还有效防止了原始数据的滥用或篡改，增强了数据模型和方法的可维护性，实现了受控的数据访问与应用。

第25问
数据获取有哪些主要的技术手段

在数字化转型中,企业需要有效整合和管理散布在各个角落的数据资源,对这些数据进行统一、集中的管理,深入分析与价值挖掘以及后续的场景化运用。那么,这些宝贵的数据是从哪里来的呢?企业应当如何高效地从业务中获取数据资源,又有哪些主要的技术手段呢?

企业获取数据主要有两个方向,一是数据感知,二是数据同步,下面分别进行介绍。

1. 数据感知

数据感知是指直接从业务环境中采集并获取数据,本质上是一种主动获取数据的技术手段,数据感知直接服务于数据分析的需求。数据感知又包括硬感知和软感知两种基本形式。其中,数据硬感知是指采用特定的数据采集设备从物理世界中进行数据的收集,数据软感知是指从虚拟的数字世界中进行数据收集(见图20)。

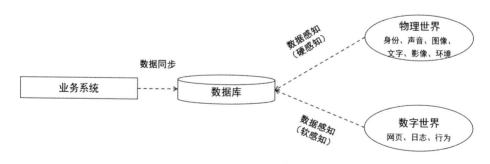

图20 数据获取的主要技术手段

（1）数据硬感知。参考华为的数据治理框架，数据硬感知技术涵盖多个关键领域的数据采集，包括身份数据、文字数据、图像数据、音频数据、视频数据以及传感器数据等。

①身份数据采集是指通过外部设备对身份标签进行扫描，如条码和射频识别技术，实现对业务主体的快速识别和过程跟踪。条码技术常用于记录产品或原料信息，通过扫码枪对条码进行近距离扫描，可以在特定的业务环节快速记录并跟踪产品的实时状态；射频识别技术（Radio Frequency Identification，RFID）的原理与条码标签类似，但其不受光线环境干扰，数据的读取过程高度并发，且支持反复修改标签中的数据；近距离无线通信技术（Near Field Communication，NFC）是出于对特别应用场景的要求在RFID基础上衍生出的通信技术，其数据传输比RFID具有更强安全性。

②关于文字数据采集，企业采用OCR（Optical Character Recognition，光学字符识别）技术，将传统纸质媒介的数据资料自动化转录为电子文件，极大地降低了人工抄录的成本。OCR技术运用深度学习模型，能够高效识别图片中的文字信息，为企业快速录入大量文字数据提供了便捷途径。

③图像数据采集技术则通过传感器捕捉特定业务对象的图像特征，并与预存模板进行匹配，实现对象的识别和存储。这包括人脸识别、指纹识别、虹膜识别以及商品识别等多种应用场景，为企业提供了丰富的图像识别解决方案。

④音频数据的采集可以通过麦克风等音频录入设备直接记录原始声音信息，或从MP3文件、CD等存储介质中获取，并以二进制的形式进行存储。音频数据采集后，通常需要对音频文件中的人类语音进行自动识别和提取，将其转化为可以被人或机器进行理解的文本格式进行存储和管理。

⑤视频数据的获取途径包括从网络下载、存储设备复制截取，以及直接使用摄像设备采集。摄像设备将光源信号转化为电信号，并通过CCD（电荷

耦合器件）或CMOS（互补金属氧化物半导体）等技术系统进行图像传感，为企业提供高清、实时的视频数据。

⑥传感器是一种能将物理世界的信息转换为数字信息的设备，其广泛应用于各种环境中。它们能够精确、客观地量化企业所关心的业务环境信息，并将收集到的状态信息以特定的规律呈现出来。然而，传感器所采集的数据具有多方面的特点：数据类型丰富多样，具有时序性和实时性，反映了整个过程的动态变化；同时，这些数据常常伴随着较大的噪声和干扰，数据规模庞大但价值密度相对较低。

（2）数据软感知。数据软感知技术是指在数字世界内部的数据采集过程，与硬感知技术不同，被采集的数据本身就存在于数字世界。参考华为的数据治理框架，数据软感知技术包括埋点、日志数据采集等形式。

①埋点技术，专门用于捕捉用户在线行为数据，如网页浏览、App使用等，这些行为数据对于软件平台的运营者和产品经理来说非常有参考价值。埋点的实现依托于一段特定的代码，这段代码被巧妙地植入应用程序中，以实现对软件程序内特定事件的自动响应。这些事件通常是由用户的使用行为，如点击、曝光和内容浏览等所触发产生的，对这些事件的记录实质上就是对用户在线行为的捕获。目前，埋点技术策略主要有代码埋点、可视化埋点以及全埋点等这三种。

②日志数据采集技术侧重于自动记录计算机设备的运行历史、用户系统运维信息、信息活动审计记录以及数据安全管理日志。在单机环境下，日志数据的采集相对简单，可以通过简单的代码实现日志数据的输出和存储。然而，在企业级应用中，由于日志数据往往分散在多个不同的计算机设备上，因此采集工作变得更为复杂。主要的日志采集方法包括传统的文件方式、基于数据库的读写交互方式，以及基于消息队列的先进日志采集系统等。

2. 数据同步

对于数字化应用来说，业务系统中的数据无法直接用于价值挖掘和应用，必须将生产数据复制出来，搬运到离线环境中才可以进行后续的分析处理。为了对内部数据进行分析，就需要通过数据同步的方式把生产数据转化为离线数据。例如，将业务系统中的数据库数据自动同步到数据中台的数据存储区域。数据同步的过程主要包括关系型数据库收集和非关系型数据库收集两部分内容。

（1）关系型数据库收集。关系型数据库收集聚焦于从前端业务系统中收集并同步关系型数据表的数据。这主要针对传统事务数据同步的需求。当前，针对关系型数据库收集主要有直连同步和日志解析两种主要技术策略。

①直连同步（全量同步）是一种相对简单的方法，它通过预先定义好的数据服务 API 接口（如 ODBC、JDBC 等）直接访问数据源，执行 SELECT 操作获取数据，随后将查询结果存储到本地文件，并最终将这些文件加载到数据中台的目标位置。然而，直连同步的问题在于，随着业务规模的增长，同步时间可能会增加很多，同时直接对数据源进行大规模访问也可能影响业务系统的正常运行。基于直连同步策略的数据库收集工具有 DataX、Sqoop 等。

②日志解析（增量同步）的方法则通过捕获数据库的变更日志（Change Data Capture，CDC），如 MySQL 的 BinLog 日志，来动态地识别和分析数据的变化，从而实现数据的实时或准实时同步。这种方式的同步延迟甚至可以控制在毫秒级别，且由于数据收集过程在操作系统层面进行，不会对业务系统的运行产生干扰。基于日志解析策略的数据库收集工具有 Maxwell、Canal 等。

（2）非关系型数据库收集。非关系型数据库的收集更多地关注对流数据的实时同步场景。日志是一种非常重要的非结构化数据资源，业务系统每秒都会以数据流的形式产生大量的日志数据。Flume 是面向该数据同步场景的重要技术引擎。Flume 是由 Cloudera 开发的一套面向流式数据源的日志收集系统，它能够从运行在不同机器上的服务中自动收集日志数据，并同步到 HDFS 或 HBase（Hadoop 数据库）等数据存储上。

Flume 采用了灵活的插拔式架构，允许用户根据需求灵活配置技术组件。同时，Flume 还屏蔽了前端流式数据源和后端中心化数据存储之间的异构性，支持从控制台（Console）、RPC、text 文件、UNIX tail、syslog、exec 等多种数据源渠道进行日志采集任务。

第 26 问
数据分析有哪些常用方法

在企业数字化转型的过程中，需要基于数据资源构建数据应用，实现数字化场景建设。该过程中数据分析活动发挥着核心的作用。通过各种数据分析方法，我们能够深入挖掘数据的潜在价值，提供富有洞察力的商业见解，并实现面向用户的智能化服务。那么，企业的数字化活动有哪些数据分析方法，这些方法又应当如何使用呢？

数据分析技术手段丰富多样，凝聚了人类长期积累的智慧。这些方法大致可分为四类：统计分析、数据挖掘、预测分析和可视化分析（见图 21）。

1. 统计分析

统计分析是最简单的数据分析方法。它基于预设的函数或指标公式，对

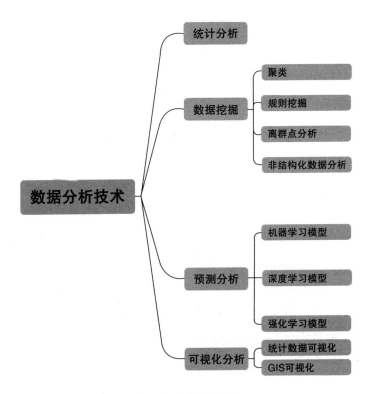

图 21 数据分析技术常用方法

从数据库中检索的数据进行自动化处理，并直接呈现给分析人员。BI 分析是统计分析最常见的应用场景，它专注于结构化数据，通过数据的维度属性筛选，选择适当的数据聚合方法或指标计算方法，自动计算、筛选后的数据，提供给用户更综合的数据结果。

BI 分析作为数据仓库的关键技术应用，解决了企业内部的多种 OLAP 需求，为不同部门和团队的数据驱动决策提供了有力支持。常见的数据聚合方法如求和、均值计算、极值（最大、最小）求取、方差与标准差计算以及极差、中位数等，这些统计特性为用户提供了关于数据对象总体的宝贵业务信息。尽管这些聚合方法的数学逻辑并不复杂，但在实际数据分析中，它们却具有非常实用的价值，且使用频率很高。

除了常规的数据聚合，BI 分析中还可以自定义指标函数。用户可以配置数据项的计算公式，系统按照预定义的公式快速生成统计分析结果。这些自定义函数往往融合了数据分析人员对业务的深刻理解，例如，HR 部门可以根据员工在不同工作任务上的权重，定义加权计算公式，对员工绩效进行综合评价和排名，进而为企业管理的优化提供方向。

2. 数据挖掘

数据挖掘是指通过特定的算法自动从数据中发现数值规律，得到有价值的业务信息。其核心在于针对特定数据对象，依据既定的分析目的和视角，选用合适的数据挖掘算法与流程，以探索未知的业务结论。数据挖掘在探索性数据分析场景中尤为常见，它通常避免对数据作出过强的业务假设。常见的数据挖掘方法有以下几种。

（1）聚类。聚类方法依据相似性原则将数据对象划分为不同类别。通过聚类，原始数据对象集合得以用类别标记简化描述，从而提高数据分析人员对数据的理解效率。此外，当聚类数超过原始数据维度的数量时，聚类分析实质上实现了数据的降维。

聚类分为硬聚类和软聚类。硬聚类将每个数据样本归入一个类别，通过观察每个类别的数据样本共性，可以提炼出类别标签的业务意义；而软聚类则允许数据样本属于多个类别，并自动计算样本在各个类别中的隶属度，更多应用于降维目的。

（2）规则挖掘。该方法旨在通过自动扫描数据集合，发现数据背后呈现出来的隐含业务规律，识别不同数据字段之间的关联关系以及潜在的因果关系，生成具有启发性的"IF...THEN..."数据规则。当前，主要的规则挖掘技术有关联规则挖掘算法和决策树，后者可以得到结构更加复杂的规则树，描述出业务规则之间的复杂衔接关系。此外，面向图数据的规则挖掘技术也广泛应用于知识图谱自动补全等场景。

（3）离群点分析。离群点分析主要是用于自动识别与总体统计规律不一致的异常值。在数据建模中，离群点分析可作为数据预处理技术，提前过滤干扰值。然而，在某些分析场景下，离群点本身才是关键，它们有助于数据分析人员迅速识别业务风险点，如小概率风险事件的预判和制造业产品质量检测等。

（4）非结构化数据分析。通过一些业务规则或数据模型，从文本、图像、音频、视频等非结构化数据中提炼出结构化数据特征。这些特征通常蕴含更明显的业务信息，可以直接提供有价值的数据分析结论。例如，利用分类算法可直接为非结构化数据打上分类标签，便于观察、理解、检索和统计分析。此外，面向非结构化数据的挖掘技术，如自然语言处理、图像识别和语音识别，能够生成具有区分度的结构化数据向量，为后续复杂分析提供支持。

3. 预测分析

预测分析是数据分析中体现智能化水平体现的一类分析方法，其目的是基于已知的数据观察，对未知的数据进行自动预测。预测分析的本质是机器学习，计算机程序通过对历史数据的深入分析，发现其中的潜在规律，并利用这些规律为现实场景提供预测性见解。

在数字化建设日益深入的今天，企业已不满足于对既有数据的简单分析，而是追求通过数据驱动实现智能化服务。而这些智能化服务本质就是在解决"预测类"任务。从用于建模的数据集是否带有标注来看，机器学习方法主要包括无监督学习、有监督学习、半监督学习。有监督学习是典型的机器学习场景，它依赖于带有目标变量标注信息的数据集来训练算法模型。通过训练过程，数据分析人员能够确定模型参数，进而构建出适用于预测任务的数据模型实例。常见的机器学习模型包括回归模型、SVM（支持向量机）、贝叶斯模型以及人工神经网络等。

随着大数据技术的飞速发展，基于人工神经网络的机器学习技术，特别是深度学习，已成为当下的热门选择。数据分析人员倾向于采用结构复杂的人工神经网络，通过利用海量数据资源训练出性能优越的数据模型。基于复杂结构人工神经网络的机器学习技术也称为深度学习技术，典型的深度学习数据模型包括深度前馈神经网络（DNN）、循环神经网络（RNN）、卷积神经网络（CNN）、自动编码器（AE）、对抗神经网络（GAN）等，正在推动人工智能产业在不同行业领域取得蓬勃发展。

强化学习是机器学习的一个比较特殊的分支，其独特之处在于它专注于学习决策知识而非简单的判别能力。通过不断的"交互—反馈"过程强化学习，使机器能够针对具体业务问题做出智能决策，并在实际应用中展现出高水平的智能表现。例如，曾经击败围棋大师李世石的AlphaGo就采用了强化学习技术。目前，强化学习在智能家电、聊天机器人、无人驾驶和游戏等领域中得到了广泛应用，展现了其巨大的潜力和价值。

4. 可视化分析

可视化分析是一类特殊的数据分析方法，它通过图形绘制的方式，将数据及其分析结果直观呈现，使数据分析人员能够通过视觉方式快速洞察数据中蕴含的业务价值。对于很多数字化应用来说，可视化解决了数据产品从分析到业务决策"最后一公里"的交付难题。相较于数字，图形具有更强的信息传播力和直观性，数据可视化不仅有助于数据分析人员迅速捕捉有价值的结论和商业洞察。当前，数据可视化已经发展为数据科学领域独立的技术研究和产业应用方向。

在企业的日常生产经营活动中，数据可视化有很多具体的应用场景，为不同用户和不同业务环节提供综合的数据分析支持，其应用场景主要包括业务分析报告、交互式分析、数据可视化大屏。

从表现形式上看，可视化技术呈现多样化特点。结构化数据可视化通过多维度的统计图形（如条形图、柱状图、饼图、散点图、折线图、雷达图及其组合）全面展示结构化表格数据的统计结果；网络数据可视化则专注于图结构数据的绘制，凸显信息特征，满足社交网络信息、业务流程信息及知识图谱数据的可视化需求；文本数据可视化将非结构化的文字内容以富文本、词云图、河流图等形式呈现；地理信息可视化则通过地图渲染，标注重要业务信息并联动展示相关统计图表；而3D建模可视化则提供逼真的实物和环境模拟效果，在数字孪生和系统仿真领域大放异彩，尤其在智慧园区、数字工厂、智慧城市等场景中发挥着关键作用。

第27问
大数据技术包括哪些内容

大数据技术是企业数字化建设中非常重要的信息技术，为数据应用系统提供了强大的数据处理能力。面对海量数据资源，大数据技术可以高效地提取出有价值的业务信息，挖掘出重要的行业知识。同时，它还能基于这些丰富的数据资源，为大量用户提供稳定可靠的数据服务。大数据技术是推动数字化创新的关键技术基础，更催生了很多应用广泛、性能卓越的数据应用。因此，越来越多的企业在构建数字化转型的底层能力时，开始将大数据技术作为重要的投资方向。

相较于传统的软件开发技术，大数据技术具有许多独特之处，已经逐渐从其中分化出来，形成了独立且专门的技术栈。因此，从事 IT 开发的技术人员通常把大数据技术作为单独的技能来进行学习和提升，IT 开发团队也会设置专门的大数据应用开发和运营岗位。

那么，大数据技术包括哪些内容呢？下面将从大数据存储、大数据收集、大数据计算及大数据集群管理等方面对大数据技术进行介绍（见图 22）。

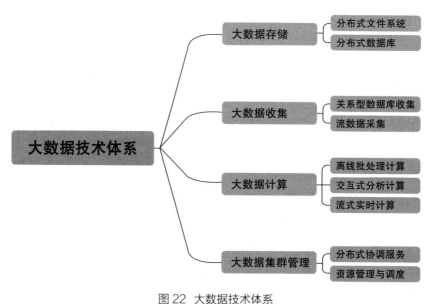

图 22 大数据技术体系

1. 大数据存储

随着大数据存储技术的不断发展，企业现在能够以更低的成本进行数据资源的积累和管理，这使得企业在数字化转型中有更大的主动性和积极性。

大数据存储技术涵盖了众多基础软件框架，以适应多样化的数据存储需求。其中，分布式文件系统和分布式结构化存储是两大主要类型。在大数据生态中，分布式文件系统的出现几乎是最早的，因为本质上所有数据都可以视为文件。Google 率先推出了名为 GFS（Google File System）的存储方案，并在 2003 年通过论文 *The Google File System* 详细阐述了其技术架构和实现细节。GFS 以其卓越的可扩展性和容错性，通过简单地增加机器节点，即可无限制地扩展企业的文件存储能力。

HDFS 是 GFS 的开源版本，已成为众多大型互联网企业及传统转型企业在数据中台建设中的首选数据存储引擎。HDFS 允许企业对海量的不同组织形式（K-V 格式数据、行式文本数据、行列混合数据、列式存储等）的数据资源进行集中备份和管理，HDFS 对非结构化数据和半结构化数据的存储兼容性更好。对于结构化数据（如日常事务数据），其更适合采用专门的列式数据库存储引擎。

HBase 是基于 HDFS 的一种以 Key-Value 为格式的列簇式数据存储引擎，用于解决在分布式数据存储架构上对结构化表格数据的存储问题。HBase 可以通过 HBase Shell 和 HBase API 两种方式进行数据访问。随着企业数据规模的快速增长，传统的关系型数据库"分表策略"会给数据的维护和管理带来巨大挑战，而 HBase 本质上是一种针对大数据典型应用的新型 NoSQL 数据库管理系统，其特点在于数据的组织和查询策略均以"列"编码为关键条件来执行。

2. 大数据收集

大数据收集是指将各个业务系统中随着企业日常经营活动而动态生成的数据自动同步到数据仓库、数据湖等面向数据分析与应用的数据存储载体的技术。从数据收集的对象类型看，大数据收集主要包括关系型数据的收集和非关系型数据的收集，二者的区别在于所同步的数据源是否采用关系型数据表结构。

关系型数据的收集主要有两种方式，一是直连同步，二是日志解析。直连同步依赖诸如 DataX、Sqoop 等技术框架，确保数据的实时性和准确性；而日志解析则借助 Maxwell、Canal 等技术框架，通过分析数据库日志来获取数据变更。

对于非关系型数据库的收集，日志数据成为主要目标。这类数据往往以流式形式产生，因此，实时同步技术成为关键。Flume 作为一种面向流数据源的技术引擎，其核心组成部分是 Agent，这些 Agent 通过相互连接构建数据流的传输路径。在实际应用中，Flume 常与消息队列大数据技术中间件 Kafka 搭配使用。Kafka 作为分布式消息存储集群，能够缓存流数据源产生的信息，用来消除数据生产者和数据消费者之间的直接依赖关系，为数据的采集和存储提供更大的灵活性。Kafka 的引入使得数据同步模式从推转向拉，赋予数据消费端更大的自主权和控制权。

3. 大数据计算

大数据计算主要解决在面向海量数据源的处理任务时，在吞吐和效率方面的技术瓶颈。为满足前端不同类型的数据应用需求，大数据计算技术需要提供三种数据分析场景的基础能力：离线批处理计算、交互式分析计算及流式实时计算。

（1）离线批处理计算。离线批处理计算旨在应对数据分析的规模性问题，典型场景包括数据预处理、数据建模、数据标注及统计分析等价值挖掘活动。其计算引擎建立在分布式存储架构之上，是大数据技术的核心。MapReduce 是 Google 提出的最早的分布式离线计算引擎，与 GFS 和 Big Table 统称为 Google 大数据"三剑客"。MapReduce 通过"分而治之"的策略，利用多台计算节点联网协同工作，解决了大规模数据的批量分析难题。

Hadoop 和 Spark 是两大重要且流行的大数据技术生态,各自底层的计算引擎实现逻辑都参考了 MapReduce 的解决方案。除了支持大规模数据分析处理的分布式编程与计算能力,Hadoop 和 Spark 都封装实现了更高语义层次的技术模块。例如,Hadoop 生态中,有结构化查询引擎 Hive、机器学习库 Mashout 以及流计算引擎 Pig 等;Spark 生态中的结构化查询引擎、机器学习库、流计算引擎分别为 Spark SQL、MLib、Spark Streaming。

(2)交互式分析计算。与离线批量分析不同,交互式分析十分强调人与机器的敏捷互动与信息交互过程。在交互式分析中,机器根据人的指令在可容忍的时间延迟内给予用户相应的查询和计算结果返回。这种分析方式通常需要多次操作、反馈和迭代,本质上是一种探索式的数据分析。交互式分析包括面向结构化数据的分析交互和面向文本数据的分析交互等类型。

结构化数据的交互分析旨在满足针对数据仓库中大规模数据的 OLAP 需求。现有的大数据技术框架中对于交互式 OLAP 操作主要有两种底层技术实现思路,分别为 ROLAP(Relational OLAP)和 MOLAP(Multidimensional OLAP)。其中,ROLAP 是基于关系型数据库的 OLAP 操作,底层数据存储形式仍然为关系型数据库表格。当前比较主流的 ROLAP 数据查询引擎包括 Cloudera 等公司开发的 Impala 和 Facebook 开发的 Presto。MOLAP 的核心数据结构是数据立方体(Cube),数据立方体是结构化数据表格经过预处理得到的中间结果,被"预存"在内存空间中以供随时调用,其采用的是一种"空间换时间"的典型技术策略。当前比较主流的 MOLAP 数据查询引擎有 Druid 和 Kylin 等。

对于非结构化文本信息,Elastic Search(ES)作为一种信息检索引擎和分布式文档存储工具,通过索引机制实现高效的数据查询和交互式分析。

(3)流式实时计算。流式计算本质是一种"持续在线"的智能算法服务,它实时地从业务上游采集信息并输出分析结果,是线上数字化应用的重要组成部分，如业务风险监控、主题流量跟踪和商品动态推荐等。完整的流式数据处理流程包括数据采集、数据缓存、数据实时分析和数据结果存储等步骤。其中，Flume 框架可用于数据采集，Kafka 用于数据缓存，而流式计算引擎（如 Apache Storm 和 Spark Streaming）则是数据实时分析的核心。最终，数据计算结果可以写入 Redis、MySQL 或 HBase 等数据存储载体中。

4. 大数据集群管理

在大数据技术架构搭建中，采用的基础架构是分布式架构，它在处理数据的存储和计算需求时，需要协调众多计算节点的工作分配。为了高效管理这些复杂的节点网络，大数据技术引入了集群管理的底层基础功能，其本质是确保多台机器能够无缝协作，共同完成任务。大数据集群管理技术包括分布式协调服务和资源管理与调度两部分内容。

分布式协调服务的作用在于对整个集群的配置文件进行集中化管理和实时更新，从而避免了运维人员手动对成百上千的计算节点进行烦琐的配置信息更新、修改和同步。这一技术的实施，极大提升了大数据环境中关键配置信息的自动共享效率，确保了集群内所有机器节点能够实时同步最新的配置状态。

ZooKeeper 是一种非常重要的分布式协调服务技术组件，其本质是一个分布式文件管理系统，存储的是保障整个分布式集群运行的技术元数据。除此以外，ZooKeeper 还可提供域名服务、分布式同步、组服务等重要功能等。

另外，资源管理与调度技术则是确保大数据集群在面对复杂计算任务时，能够智能地在各个计算节点之间实现"合理"的任务分配。其目标是实现负载均衡，确保每个计算节点都能够承担与其性能相匹配的数据处理任务。当前大数据技术中常见的资源调度技术组件有 YARN、Mesos、Kubernetes 等。

第 28 问
常见的软件应用架构有哪些

在数字化转型工作中,所有的数字化应用都会以系统工具的形式沉淀和展示。企业可以采购本地化软件或租赁第三方 SaaS 服务来满足自身的数字化应用需求,也可以通过自建系统的方式定制化开发所需的数字化应用系统。企业在自建数字化系统时,可以采用不同的软件应用架构,它们各自的技术特点可适用于特定的技术应用场景。

当前,软件应用架构主要包括分层架构、事件驱动架构、微核架构、SOA 架构、微服务架构、云架构等。下面分别对这些软件应用架构进行简要介绍,以协助进行数字化转型的项目管理人员更有效地理解技术系统的本质,有效地组织安排数字化系统应用的具体开发工作任务。

1. 分层架构

分层架构是最常见、最传统的软件架构之一,也是比较标准和规范的软件架构。在开发没有特殊要求的软件系统时,可以采用分层架构进行功能模块的设计。分层架构一般将软件分成若干个水平层,每一层都有清晰的角色和分工,各层彼此不需要知道其他层的具体细节,层与层之间通过接口的方式进行通信。

一般来说，分层架构将系统分为三层或四层。在四层的分层架构中，软件系统从上到下可以被划分为表现层、业务层、持久层、数据库层。

（1）表现层，系统主要负责与用户进行交互操作，系统中的操作控件、界面菜单、网页、可视化图表等，都属于表现层的技术要素。

（2）业务层，系统主要负责实现关键的业务逻辑，旨在满足用户对系统的具体使用需求，例如在电商平台上，商品推荐、商品筛选、订单配置、在线支付、账单查询、物流跟踪等核心功能的实现都在业务层完成。

（3）持久层，系统主要完成与数据库有关的操作，如基础的 SQL 操作，提供必要的数据支持，并将需要长期保存的信息存储在数据库中。

（4）数据库层，是对数据资源进行管理的核心，它可以根据数据的主题、类型、场景、来源等不同特征进行分类存储，并选择合适的数据库管理系统（DBMS）进行技术选型。

分层结构的优点是结构简单，比较容易理解和开发，不同技术栈的开发人员可以同步对不同层的内容进行开发。此外，每一层都可以独立进行测试，在软件测试时，其他层的接口通过模拟的方式来配合解决，这大大简化了软件测试的流程。在数字化建设中，分层架构对数据交互需求丰富的软件系统具有很好的支持性，例如 BI 分析系统、大数据决策分析工具、仿真设计工具及数据管理系统工具等。

2. 事件驱动架构

事件（Event）是当系统状态发生变化时，软件发出的通知形式。事件驱动的架构本质上是满足异步处理的需求，其通过事件的方式来实现软件系统中不同组成部分（业务功能模块）之间的消息通信。在事件驱动架构中，一个业务功能模块的执行取决于是否接收到其他模块的特定事件通知。

事件驱动架构主要包括事件队列、分发器、事件通道及事件处理器等组件。事件队列是程序接受事件的入口，分发器负责将不同的事件分发到不同的业务逻辑单元，事件通道是分发器与处理器之间的联系渠道，事件处理器根据事件内容执行相应的业务逻辑，并在处理完成后发出新的事件，触发后续的操作流程。

事件驱动架构实现了功能模块之间的解耦，不同模块之间通过消息的方式进行有效协作，互不干扰。系统可以采用分布式的方式进行灵活部署，软件的可扩展性更好，对于具有持续迭代开发需求的数字化项目来说，采用事件驱动的架构能够更有效地应对动态、增量的开发任务。在数字化建设中，很多涉及条件自动触发判别的技术应用需求，可以采用事件驱动架构来建设，例如舆情跟踪系统、质量监测系统、风险监控系统、在线任务分发系统等。

3. 微核架构

微核架构又称为插件架构，指的是软件的内核相对较小，其主要功能和业务逻辑大都通过插件的方式来实现。在微核架构中，每个插件各自负责一项独立的业务功能，而内核通常只包含系统运行所需的最小功能，一般情况下仅作为基础环境存在，不承担具体的业务功能。各个插件是相互独立的，插件之间的通信应该减少到最低，软件系统中需要避免出现插件互相依赖的问题。

微核架构的优点主要在功能的延展性方面，如果用户需要在系统中添加一个功能，只需要在内核上开发并增加一个插件即可。各功能之间是隔离的，如果不需要某个特定的功能，直接删除即可，此功能的卸载并不会影响其他功能的使用。微核架构能满足渐进式的开发需求。值得注意的是，微核架构并不适用于分布式的运行环境，因此在性能上很难横向拓展。不少单机部署的数据分析软件经常会采用微核架构，用户可以通过下载安装特定的数据分析算法包来完成软件功能的扩展升级。

4.SOA 架构

SOA 架构全称为面向服务的软件架构，该架构在 20 世纪 90 年代中期得名。Gartner Group 公司率先认识到这个软件架构的新趋势并在全球推广。如今，SOA 已经成为软件服务行业中最主流的软件架构之一。

在 SOA 架构中，服务是原先软件系统中功能模块的新形态。这些功能模块不再紧密绑定在代码层面，而是被独立剥离出来。每个服务都封装了其内部的复杂逻辑，并通过标准化的接口向外暴露。其他功能模块只需调用这些接口，便能获得所需的业务或数据能力。

对于整个软件系统来说，每个功能模块可以作为独立的服务进行维护，服务是软件系统的基础开发和管理单元。工程师可以对服务进行独立的配置、部署、状态监控、升级更新等各种运维操作。在物理层面，通过服务调用的方式，系统功能模块可以实现"分布式"部署，不再局限于单台服务器。这使得系统能够灵活地扩展业务功能和服务能力，只需将所需的服务模块配置在相应的服务器上，软件系统便能自动增强技术实力。

面向服务的软件架构极大地简化了软件变更的过程。无论是功能的上线与下线，还是升级与优化，SOA 都提供了更高的灵活性。这使得 IT 项目能够更好地应对外部环境中频繁变化的数字化需求，在服务层面进行软件升级和调整变得更为便捷。

SOA 的本质在于集成。软件系统不再仅仅是编写出来的，更多是通过集成而成的。被集成的部分可以是可复用的功能模块，也可以是需要资源整合的子系统。在集成过程中，我们只需关注服务交换的协议和数据接口定义，无需深入服务内部的技术实现细节。这种方式大大提高了 IT 项目开发的并发效率，使团队能够更专注于业务逻辑的实现和创新。

5. 微服务架构

微服务架构是 SOA 架构的深化与升级，每一个服务就是一个独立的部署单元，这些单元是分布式的，各个单元的功能互相解耦。微服务架构中的服务之间通过远程通信协议进行联系和功能协作，常见的协议类型有 SOAP、REST 等。

与 SOA 架构相比，微服务架构在功能模块拆分方面更加彻底，服务的颗粒度更精细，将模块化的思想深入到子系统内部。微服务架构中各个服务之间并非通过 ESB（企业服务总线）的方式进行集中式的通信，而是根据具体的业务逻辑进行点对点的分布式交互调用。

在微服务架构的软件系统中，通常会存在一个服务注册中心，每个服务在运行时需要提前在服务注册中心进行注册，让其他服务可以在执行过程中通过服务注册中心快速发现所调用的服务接口是否存在。微服务架构适用于功能集合庞大、结构复杂、具有平台属性特征的大型数字化系统项目。若采用微服务架构，十分有利于实现不同模块之间的解耦和复用，同时可以做到每个组件持续集成式地开发、实时部署、动态升级。

6. 云架构

云架构主要解决扩展性和并发性的问题，是最容易扩展的软件架构。与传统的服务器相比，云平台可以将物理资源虚拟化为虚拟机资源池，使得软件系统可以根据具体使用情况灵活调用软硬件资源，实现真正意义上的"按需访问"。云架构的高扩展性来自不使用中央数据库，数据资源可以在多个处理单元上进行存储和计算。当软件系统的访问量增加时，就动态地新建处理单元，反之，如果访问量减少，就关闭一些处理单元。云架构的优点主要体现在高负载、高扩展性方面，支持动态部署的客观需求。

典型的云架构软件中主要包含三个层级：SaaS 层、PaaS 层、IaaS 层。

SaaS 的全称为 Software as a Service，意为软件即服务，这层的作用是将软件应用整体以 Web 的方式提供给用户使用，当前越来越多的企业数字化应用都采用 SaaS 的产品形态，使用系统功能的 B 端企业可以按需对 SaaS 功能进行租赁。

PaaS 的全称为 Platform as a Service，意为平台即服务，这层的作用是将一个应用的开发和部署平台作为服务提供给用户，用户不需要管理或控制系统的底层基础架构，只需要控制部署的应用程序或者控制应用程序运行环境的基础配置信息，PaaS 层经常采用的典型大数据技术有 REST、多租户、并行处理、应用服务器以及分布式缓存等。

IaaS 的全称是 Infrastructure as a Service，意为基础架构即服务，这层的作用是将各种底层的信息处理资源，如虚拟机、服务器、网络、存储设备等作为服务提供给用户。服务部分的层级结构也衍生出了三种不同的云服务模式，企业在开展数字化建设时，可以综合考虑成本因素和灵活度需求，选择 IaaS、PaaS 或 SaaS 作为云服务选择。

第 29 问
工业物联网和工业互联网是一回事吗

工业物联网和工业互联网都是数字化在制造中的重要概念，二者在概念内涵上有很大的相关性和相似性，但本质上仍是不同的。对工业物联网和工业互联网进行理解和区分，可以对数字化在制造业领域的顶层设计构想形成宏观认知，能更深刻地洞察数字化在制造业的发展机遇与前景。

1. 工业物联网

工业物联网的概念来自物联网（Internet of Things, IoT），是物联网技术在工业领域的技术分支。物联网是数字经济时代新一代信息技术的重要组成部分，为数字化企业提供了强大的信息感知和智能决策能力。

物联网的本质是"万物相连的互联网"。如果说传统互联网是解决了人与人之间的连接需求，那么物联网则将"人与人"这一限定拓展到了更大范围的"物与物"。物联网借助各类信息传感设备与网络，构建了一个庞大的互联网络，使得人、机、物能够在其中无缝沟通，实现信息的实时交互与动态协同。

物联网的基本特征可概括为整体感知、可靠传输和智能处理。通过传感器技术，物联网能够实时捕捉环境信息，转化为可计算的数据。这些数据随后通过网络传输至远程计算中心，如云服务器，进行深度分析和智能处理，最终转化为有价值的商业洞察或决策指令，进而指导终端设备进行自动化操作。

在物联网的技术架构中，传感器技术、射频识别标签、传感网、嵌入式系统、云计算、边缘计算等是具有代表性的关键技术。当前，物联网技术已经在物流、交通、安防、能源、医疗、建筑、制造、家居、零售和农业等领域得到了广泛应用。在这些行业中，采用物联网技术的主要作用就是获得数据，然后基于数据进行决策和控制。特别地，在制造业领域，物联网推动了面向智能制造数字化场景的快速发展，形成了以工业物联网为中心的细分技术体系。

工业物联网技术的研究是一个跨学科的工程，涉及自动化、通信、计算机以及管理科学等领域。工业物联网的广泛应用需要解决众多关键技术问题。

早在 2013 年，通用电气公司就正式提出了工业物联网革命的概念。工业物联网是将具有感知、监控能力的各类采集、控制传感器或控制器以及移动通信、智能分析等技术不断融入工业生产过程各个环节，其目的是提高生产制造效率，提高工业管理水平，在改进产品质量的同时降低生产损耗，实现真正意义上的降本增效。

工业物联网在技术架构上分为感知层、通信层、平台层和应用层。

（1）感知层主要由传感器、视觉感知器和可编程逻辑控制器等器件组成。感知层不仅可以主动采集生产环境中各种类型的信号，如图像、温度、湿度、磁场、声波、电能量等，还可以接收上层管理系统下达的操作指令，自动执行具体的工业操作。

（2）通信层主要由各种网络设备和线路组成，也就是物联网中的网络载体。它分为有线网络通信和无线网络通信两大类。有线通信技术有以太网、RS-232、RS-485、M-Bus、PLC 等，有线通信的特点是稳定性强，可靠性高。无线通信技术现在发展得比有线通信技术稍微广泛些，无线通信技术主要分为两大类有：蜂窝移动通信技术和短距离无线通信技术。蜂窝移动通信主要包括 GPRS（2G）、3G、4G、5G，短距离无线通信技术主要包括蓝牙、Wi-Fi、ZigBee 等。

（3）平台层的作用是提供公共的数据、知识和技术能力。通过对底层终端传输的数据进行关联和结构化解析，平台层将其沉淀为有价值的数据资源，并从中提炼出专业知识。同时，平台层还向上层提供统一的可编程接口和服务协议，降低了智能化应用的开发难度，为生产管理、安全监控、设备检测等不同领域提供了强大的数据决策支持。

（4）应用层则是工业物联网技术的最终呈现形式，它根据不同行业、领域的具体数字化需求，将平台层提供的数据和技术能力转化为垂直化的应用软件。这些应用软件通过整合平台层的数据和用户配置的控制指令，实现对终端设备的高效应用，从而显著提升生产效率。应用层的具体技术形态包括MES系统、仓库管理系统、设备管理系统、能源管理系统和智能调度系统等。

2. 工业互联网

工业互联网不是工业的互联网，而是工业互联的网。工业互联网涵盖了工业物联网的技术部分，工业互联网是要实现人、机、物的全面互联，追求的是业务数字化；而工业物联网强调的是物与物的连接，追求的是生产自动化。

从技术架构层面来看，工业互联网包含了设备层、网络层、平台层、软件层、应用层以及贯穿始终的工业安全体系，工业互联网分层技术体系如图23所示。

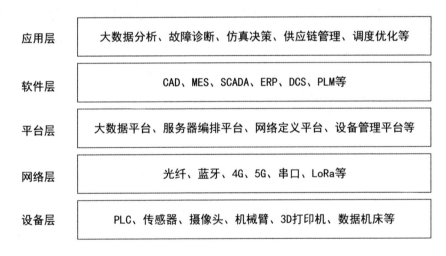

图23 工业互联网分层技术体系

设备层专注于数据的采集与初步计算，同时执行具体的自动化操作。网络层则承担信息的传输与转发，确保设备与设备、设备与服务器间的顺畅通信。平台层汇聚了沉淀的数据能力和技术能力，为前端细分的工业数字化需求提供灵活且高效的响应与试错能力，例如大数据平台、服务器编排平台、网络定义平台、设备管理平台等。软件层则是工业数字化场景的技术产品载体，包括自动化生产过程与智能化管理决策的信息系统，如 CAD、MES、SCADA、ERP、DCS、PLM 等。而应用层则是工业互联网价值的最终体现，人们通过它形成数字化业务流程实践，如大数据分析、故障诊断、仿真决策等。

和传统互联网相比，工业互联网多出了设备层，它实现了信息从虚拟世界向物理世界的延伸和穿透。和工业物联网相比，工业互联网是叠加在工业物联网上的"数字化应用场景"，而工业物联网充当的是底层"基建"的角色，专注于设备与网络层的连接，确保人、机、物之间的数据流畅通无阻。

工业互联网的核心在于精准的管理与决策，而工业物联网则聚焦于高效的操作与执行。作为信息通信技术革命与传统工业全流程完美结合的产物，工业互联网将设备、生产线、工厂、供应商、产品和客户紧密地连接在一起，助力制造业企业延伸产业链，实现跨设备、跨系统、跨厂区、跨地区的"互联互通"。这不仅推动了制造服务体系的协同化、精益化、智能化，更从整个供应链和商业生态链的层面实现了资源的整合与优化，不仅提升了生产效率，更对业务模式和商业模式进行了系统性的升级与重塑。

第 30 问
数字孪生就仅仅是仿真吗

数字孪生（Digital Twin）是数字化转型工作中非常重要的技术概念。从直观层面理解，数字孪生旨在针对物理世界中的实际对象，构建一个与之等价、高度逼真的虚拟数字镜像。初识"数字孪生"时，人们可能会将其与仿真技术相混淆，认为它不过是仿真技术的另一种表述或概念包装。实际上，数字孪生确实依赖于仿真技术作为其基础，但它远非仅仅如此。数字孪生是建立在仿真技术之上的高级数字化应用，它超越了传统仿真的范畴，融入了更多先进技术和创新理念。下面将介绍数字孪生和仿真的概念、关联和区别。

1. 数字孪生

数字孪生的概念源于密歇根大学的 Michael Grievcs 提出的"信息镜像模型"，经过发展演变，逐渐形成了今天我们所熟知的数字孪生术语。其定义核心在于，通过深度整合物理模型、传感器实时数据、运行历史等多维度信息，融合多学科、多物理量、多尺度、多概率的仿真技术，在虚拟空间精准映射现实世界的实体装备，并全面展现其全生命周期的演变过程。

借助数字孪生，我们可以在信息化平台上了解物理实体的状态，甚至可以对物理实体里面预定义的接口元件进行控制。基于这一技术，我们可以构建出现实物体的数字克隆——数字孪生体，它们进入数字世界后，不仅继承了实体的基本属性，更衍生出全新的特性。这些数字孪生体具备动态性、全生命周期性、实时性和双向性等基本特征。

（1）动态性体现在数字孪生体不仅精准描绘实体的静态特征，更能捕捉其随时间变化的动态属性。数字孪生体的状态和现实中的物体一样，会随着时间的变化而改变。此外，数字孪生体可以产生特定的行为，与其他实体以及外部环境进行交互，作为一个运动中的客体被观察和分析。通过对数字孪生体的实验分析，业务专家可以准确地了解目标实体在外部环境变化下的真实反应，从而对目标实体展开有效的设计和优化。数字孪生体属性特征的动态变化，背后的依据是对现实物体的准确建模，这种建模不光是对实体外观的模拟，更多是对实体行为机理的模拟。

（2）全生命周期性是数字孪生技术在工业领域的显著特点。它涵盖了产品设计、开发、制造、服务、维护乃至报废回收的每一个环节，实现了产品全生命周期管理（Product Lifecycle Management，PLM）。数字孪生技术不仅支持对产品的设计和制造，同时支持对产品的管理和运营，从关注产品怎么造，逐渐覆盖到关注产品怎么用。

（3）实时性是数字孪生体的又一重要特征。它能够实时反映物理实体的状态信息，为用户提供即时的感知和监控。这一特性的实现依赖于物联网技术的支持，通过传感器高效采集和处理环境信息，与实体对象进行实时同步，确保数字孪生体状态参数的准确性。

（4）数字孪生体的双向性使得物理实体与数字世界之间的信息交互成为可能。物理实体的信息可以实时同步到数字孪生体，而数字孪生体也能够将分析结果和决策反馈到物理实体，指导其操作和行为。

2. 数字孪生与仿真的关系

仿真技术，本质上是数字孪生技术的重要组成部分，其核心在于满足设计和决策层面的精准需求。仿真技术实质上是对物理世界的模拟，通过构建包含确定性规则和完整机制的数据模型，实现对现实世界的精确再现。如果模型正确、能够准确反映客观世界，仿真技术就可以精准地对业务实体进行描述，验证相关的关键业务假设，辅助面向实体系统的科学决策。

和数字孪生相比，仿真并不强调实体信息的同步性和实时性。从产品全生命周期的管理来看，产品生产过程中的数字孪生可能会用到仿真模拟，而产品使用过程中的数字孪生则一般不包含仿真模拟。

数字孪生除了关注如何实现产品的功能设计和优化，还关注产品的运营和监控。除了传统的仿真技术以外，数字孪生还涉及传感器、物联网、3D可视化、深度学习等前沿的大数据与AI技术。从数据应用的角度来看，仿真技术侧重于对实体机理的深入研究，属于解释性数据科学技术的范畴；而数字孪生则更加注重实际生产运营的实效性，聚焦在问题发现和风险控制上，展现出一种预测性数据科学技术的特点。

3. 数字孪生主要应用场景

数字孪生的主要应用包括智能制造、建筑设计、园区管理、智慧交通、医疗保健等方面，如图24所示。

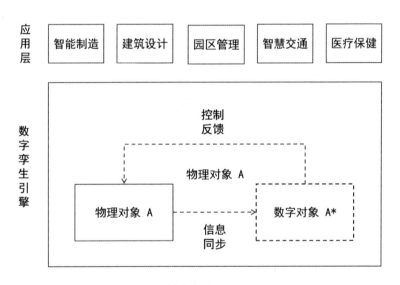

图24 数字孪生原理及应用

（1）智能制造。在产品设计环节，通过基于数字孪生技术的工业互联网平台，可以将设计所需的数据与相关模型算法进行精准匹配，反馈给设计人员，帮助设计人员更科学、精准地开展产品设计，持续优化产品性能。

在生产制造环节，数字孪生技术可以通过建立虚拟工厂、仿真生产过程等方式，为制造企业提供重要的决策支持。结合收集到的海量生产数据，分析生产活动过程中的瓶颈和问题，定向改进工艺流程，为生产过程的优化提供有效的解决方案。

数字孪生技术还在生产设备维护方面发挥着重要作用。例如，可通过对运行数据的持续收集和智能分析，监控和预测设备工作状态，智能判断维护工作的最佳时间和周期。

（2）建筑设计。通过数字孪生技术，可以模拟建筑物的结构和能源消耗，优化建筑设计，提高能源效率，降低建筑设施的管理运营成本。在建筑施工前，先使用数字孪生技术对建筑进行数字化建模，通过输入建筑体不同部位的基本物理参数，对建筑的使用特性和安全特性进行综合评价，判断建筑是否满足质量要求，是否存在事故隐患。

（3）园区管理。以数字孪生的三维呈现技术为基础，将人工智能、物联网、大数据分析等新一代信息技术进行整合，对园区内的建筑和设备从宏观到微观进行多方位呈现，对园区内的能源消耗水平、人员流动情况、楼宇基础设施（照明、空调、冷热水系统）运行情况、门禁系统闭合状态及特殊异常事件进行监控、预警和可视化综合展示。数字孪生技术让园区管理的精益化水平、智能化水平得到显著提升，优化园区资源的有效利用率，降低园区风险事件的发生概率。

（4）智慧交通。智慧交通是智慧城市的典型应用场景。随着城市人口的不断增加以及交通网络的日益复杂，以人工为主导的交通管理方式效率愈发低下。基于数字孪生技术，使用传感器和网络通信设施对城市道路情况进行动态监控，精准定位和跟踪道路上的行人和车辆等参与者的日常活动轨迹，并使用大数据模型自动地挖掘出行人的活动规律。在可视化平台的辅助下，对城市中各交通片区进行实时监控和指挥调度，帮助交管部门提前制定科学的应急疏散预案，有效缓解交通拥堵问题。

（5）医疗保健。数字孪生技术除了可以对产品、建筑、设备、园区等物进行建模和分析，同样可以对人体进行模拟刻画。在医疗领域，数字孪生技术可以通过建立虚拟人体模型,模拟人体的各种生理和病理情况,帮助医生和研究人员建立一个可用于疾病研究的虚拟平台,更加精准地对疾病进行诊断、预测,并研究制定相应的个性化诊疗方案。此外,数字孪生技术还可用于医学教育和培训,让医学生们在虚拟人体上进行实验和操作,迅速提高临床实践技能。

第四章

数字化建设篇

第31问
数字化转型中,企业如何构建数据体系

数字化企业需要围绕数据开展一系列工作,通过各项数据管理和数据应用实践,逐渐构建规范、成熟、完善的数据体系。当数字化企业在建立数据体系时,需要从一些基本的维度来开展针对数据的相关活动,并针对这些活动进行数字化项目规划和实施。数字化转型的数据体系建设,具体可以从数据生命周期、数据管理、数据系统、数据模型等方面展开(见图25)。

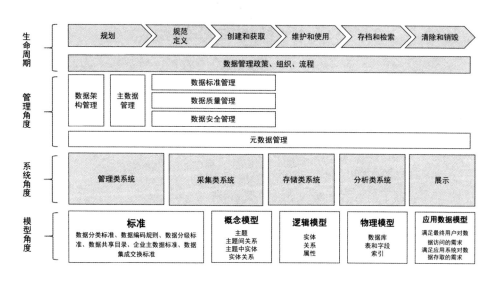

图25 企业数据体系总体架构

1.数据生命周期

数字化企业可以从数据生命周期运营的维度来制定方法和开展数据管理

活动，这是一种很典型的数据工作实施思路。数据生命周期包含数据规划、数据规范定义、数据创建和获取、数据维护和使用、数据存档和检索、数据清除和销毁等主要环节。

在建立数据体系时，需要指定每个环节的主要责任人员，确定相应操作权限的具体执行人员、主管部门或单位以及监督人员。除此以外，还需要构建不同数据处理环节的标准和规范，确保数据可读可用，有效控制和防范与数据相关的业务风险事件。为了提高数据生命周期运营的效率和体验，企业在数字化工作中需要建设相应的信息系统，例如，面向数据获取需求，构建业务系统向数据中台自动化同步的工具；面向数据使用需求，构建数据资源目录和数据能力共享平台；面向数据检索需求，构建针对多模态数据资源的智能化检索工具等。

2. 数据管理

从数据管理的角度来看，企业应面向不同的数据对象、数据特性、数据活动制定管理方法和政策，并遵循相应的工作方案开展数据管理工作。数据管理方面的数据体系建设，主要体现为数据专项治理及数据管理方法、数据操作流程的系统性优化与变革。

具体来看，数据管理涉及数据架构管理。数据架构的规范和定义能够有效指导企业各单位和部门按照统一的架构理解定义数据需求并开展数据相关的建设与应用工作。数据架构能够清晰地规范企业级的数据域以及业务上的数据流逻辑。

数据管理还包括主数据管理、元数据管理及其他各种具体数据类型的管理。主数据通常对应于企业基础业务中的重要业务主体的信息，如供应商数据、客户数据、设备资产数据等。主数据的质量在很大程度上决定了企业数据资产的总体质量和业务价值；元数据是定义数据的数据，为企业的数据提供了一致性的上下文解释，确保数据的可读性和可用性，对元数据的可靠管理能够显著地提高企业对数据资源的使用率与价值释放效率。

值得注意的是，数据管理除了关注数据内容质量本身，还关注数据标准、数据政策、数据流程、数据安全、数据活动相关组织等不同的重要维度特征。

3. 数据系统

数据系统是数据管理和应用的信息技术物理载体，同时也是大多数数字化项目可见的交付物成果。数据系统的研发与实施，依托于对企业数据需求的准确理解。和第三方通用软件相比，以数字化转型驱动的 IT 系统项目具有很明显的定制化、私有化、动态化特征。

定制化是指，系统必须紧密结合企业主体的需求和现有 IT 环境进行设计和开发；私有化是指，系统建设依赖于企业自身的数据环境，并且有相对严格的使用权限约束；动态化是指，很多系统建设是相对长期的，很难一蹴而就，往往随着需求的变化进行调整，IT 建设方和业务方的关系更加紧密。

从功能定位来看，数据相关系统主要包括管理类、采集类、存储类、分析类、展示类及综合系统。其中，管理类系统主要包括企业架构系统、主数据管理系统、元数据管理系统、数据标准管理系统、数据质量管理系统、数据资产目录平台等；采集类系统主要包括爬虫系统、埋点系统、日志系统、ETL 工具以及智能摄像头等其他传感设备等；存储类系统主要有数据仓库、数据湖、数据库、文件系统等；分析类系统主要有决策分析系统、仿真系统、BI 分析平台等；展示类系统主要有实时监控系统、大屏展示系统、GIS 系统等，在大多数情况下，展示类系统通常与分析类系统一起使用；综合系统是上述多个系统整合在一起的复杂数据系统，数据中台是非常有代表性的综合系统类型，用户既可以基于数据中台采集数据、管理数据，也可以通过服务的方式获取数据分析能力，并获得可视化的数据结果反馈。

4. 数据模型

数据模型为企业的数据内容提供了一致性的模式约束，数据的管理和应用必须依托于预定义的数据模型框架。数据模型反映了企业在数据工作方面的需求呈现和项目规划，是关于企业数据方面活动的顶层设计内容。

从抽象层级来看，数据模型可以分为概念模型、逻辑模型、物理模型及应用数据模型等。概念模型是业务主题级的数据模型，定义了企业中业务主题划分、主题之间的关系、主题中的重要实体、实体间关系等；逻辑模型比概念模型具有更细的信息粒度，在实体关系的基础之上，还定义了实体内部的属性结构；物理模型在逻辑模型之上引入了IT技术选型方面的设计信息，能够具体指导企业的信息化和数字化建设；应用数据模型则主要包含数据访问和数据存取需求方面的设计信息。

从广义上来说，数据标准也是数据模型方面的建设内容。数据标准提供了企业级一致性的语义理解基础和信息交互约束，数据标准的建立是数据应用活动稳定、有序开展的重要基础。企业构建的数据标准具体包括数据分类标准、数据编码规则、数据分级分类标准、数据共享目录、企业主数据标准及数据集成交换标准等。

第 32 问
数字化 IT 项目的标准化流程是怎样的

企业的数字化转型工作通常伴随着 IT 系统的开发和建设。IT 系统是数字化建设工作重要的物理交付形式,也是数字化能力表现的核心技术载体。

信息化时代,为了解决各种业务需求,企业开始推动大大小小的 IT 项目。IT 项目作为一种特殊的项目类型,在执行方法和管理流程上已经日趋成熟。了解数字化相关的 IT 项目的基本过程和特点,有利于积极推动数字化项目实施落地,保证数字化系统建设质量和总体应用效果。下面对数字化 IT 项目的一般标准化流程(见图 26)以及这些流程的典型特征进行详细介绍。

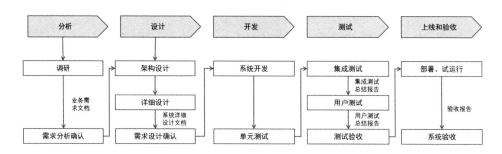

图 26 数字化 IT 项目标准化流程

1. 需求分析

在数字化项目启动时,首先要开展需求分析。通过调研了解企业的业务现状,挖掘企业的经营痛点,洞察潜在的数字化机会。和信息化时代相比,数字化项目需求分析难度更大,企业的数字化变革需求更加隐晦。数字化需求往往建立在企业数据价值的基础之上,如果认识不到数据的价值和潜力,就无法有效识别企业的真实需求。

企业的数字化需求一般分为两大类：一是面向数据管理，解决数据的质量和可用性的问题，通常对应数据管理系统的建设；二是面向数据应用，解决数据价值释放的问题，通过数据分析技术把数据资源真正用到实际业务中，通常对应数据服务系统的建设。

数字化需求的获取可以采用访谈的形式，也可以通过直接观察进行。进行需求分析的数字化专家需要具备扎实的业务能力，在业务创新方面具有更加丰富的想象力。数字化场景建设需要的是增量思维和开拓思维，在缺少足够数据科学知识的条件下，业务方已经越来越难主动提出需求，这反过来也给数字化实施方提高了进入门槛。

2. 系统设计

在确认了数字化需求之后，需要根据需求进行IT系统的设计工作，在技术上定义项目内容以及具体的实施路径，同时，还需要讨论项目落地的可行性。设计阶段包括架构设计和详细设计两部分内容。

架构设计是针对系统建设方案的顶层总体设计，IT系统架构包括应用架构、数据架构、技术架构等不同维度。其中，应用架构是关于系统中各种应用程序的功能、模块、流程和交互关系等方面的设计，其作用是将企业的业务需求转化为具体的应用程序；数据架构是关于数据的组织、存储、访问和管理等方面的设计，其作用是解释说明系统如何存储、处理和传输数据；技术架构是关于系统硬件、软件、网络和安全等方面选型的设计，其作用是将业务需求转化为满足应用的功能和性能要求的技术方案。

在架构设计的基础之上要进行系统的详细设计。IT系统的详细设计需要针对各个功能模块进行具体展开细化，目的是给开发者的技术实施提供具体参考。常见的详细设计包括数据库（表）设计、信息流设计、算法逻辑设计、应用界面设计、功能菜单设计、账号权限设计、网络拓扑设计等。

在经过架构设计和详细设计后会形成详细的系统设计文档。系统设计文档在进入开发环节之前,需要进行设计需求的确认,保证最终确定的技术方案能够满足业务方的实际需求。

3. 系统开发

系统开发活动遵循前面生成的系统设计方案。数字化系统的开发工作涉及大量的数据逻辑处理,如数据的采集、同步、存储、分析、查询、展示等。数字化系统的开发工作通常会以构建数据服务作为核心任务。数据服务是系统数据能力的基本呈现单元,通过构建一个个具体的数据服务,最终实现业务方的数字化需求落地。

在系统的开发阶段,需要为系统的不同组成部分进行单元功能测试,以保证系统开发内容的准确性。有时,开发过程难以获取真实的数据,需要模拟一定的数据来保障对数据链路的测试验证。若涉及多个阶段的数据处理逻辑,可以将数据处理逻辑进行切分,对各关键的逻辑区段分别进行测试验证。

数字化系统的开发语言,除了传统意义上的软件开发语言,如 Java、C++、C 等,还包括对数据分析处理兼容性较好的程序语言,如 Python、R、Scala 等。数字化系统的开发需要考虑对数据逻辑的处理、对数据分析功能的实现以及对数据模型的训练等特殊的数据类服务建设需求。

4. 测试与验收

在系统开发完成之后,就要进行系统的测试和验收了。尽管在开发过程中已经进行过系统单元的测试,但是各开发单元的有效性并不能满足整个系统的有效性，例如，不同数据服务的调用协同可能存在不一致或不匹配的问题。于是，需要针对开发后的系统进行整体的功能测试，该过程也称为集成测试。集成测试后一般会出具集成测试总结报告。

除了集成测试之外，系统正式验收前有时还要进行用户测试阶段。用户测试是指站在用户的立场上、按照用户的思维去进行系统测试。通过用户测试，可以得到界面是否友好、操作是否流畅、功能是否达到用户使用要求、是否符合用户使用习惯等方面的具体信息。

通过集成测试、用户测试，整个系统就进入到测试验收阶段。之后，系统可以进入上线部署和试运行阶段。如果试运行阶段没有问题，则可结合试运行的反馈数据，同步撰写项目验收报告，完成整个数字化项目的验收工作。

第33问
数字化时代的软件系统与信息化时代有何不一样

在数字化转型中，企业需要通过信息系统开发的方式来实现数字化项目的落地，推动数字化应用场景的构建。数字化本质上是企业IT技术能力的升级，一个企业实施了数字化，一定会在IT基础建设上有所体现，比如，引入一些新的管理软件工具，搭建一些新的数字化服务，或者发明创造出新的智能化应用产品。因此，从IT的视角看，数字化项目和信息化项目都会涉及软件应用系统的开发，很多承担数字化项目的厂商也是从传统的IT服务商过渡而来。

然而，除了IT项目管理过程的一些共性，数字化时代的系统和传统的信息化时代系统是存在一些显著差别的。了解数字化系统和信息化系统之间的差别，可以更好地识别数字化转型的工作边界，更清晰地定义数字化转型中的系统建设目标，更有效地推动企业数据价值的释放。IT厂商需要认识到什么样的系统才真正属于典型的数字化项目成果，如何在提供服务时满足用户对数字化的预期。

下面将介绍数字化时代的软件系统与传统信息系统的特征与区别（见图27）。

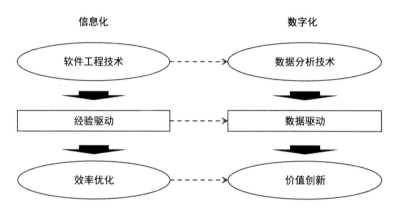

图 27 从"信息化"到"数字化"的转变

1. 技术能力不同

直观上来说，数字化时代的软件系统采用的信息技术手段与传统信息系统的技术手段存在不同。除了传统的软件开发技术和互联网技术，数字化系统更多地引入了物联网、大数据、人工智能、云计算、区块链等新兴的信息技术手段，在对数据的各维度处理能力上都比传统系统具备了更强的性能。

数字化系统更加关注对数据资源的应用，物联网可以保证数据平台对业务场景中数据的感知能力，通过智能传感器采集的设备信息、环境信息、用户信息，可以通过物联网实时传送到后端系统进行数据存储和分析。物联网是对传统互联网的重要补充，拓宽了数字化项目中的可用数据来源渠道。

大数据作为系统中数据分析环节的基础算力服务，极大地提高了企业对广大用户数据交互活动的反馈效率、对复杂数据模型的训练与建模效率以及对海量数据资源的同步和存储效率。相比传统信息化系统，数字化系统对数据服务的使用强度更大，对数据资源的使用水平更高，因此大数据技术是数字化系统的重要基础能力保障。

人工智能的本质是智能算法，该方面技术的广泛应用，目的是提高数据资源的挖掘能力以及基于数据构建的应用的自动化和智能化水平。

云计算将计算机的存储资源和计算资源进行虚拟化，提高信息技术的共享水平，降低企业在构建数字化应用时的资源门槛和开发难度门槛。此外，通过将企业系统上云，还可以增加对技术资源使用需求的弹性，降低企业对IT系统的运维成本，保障IT系统的安全、稳定、高效运行。

区块链的是一种去中心化的数据存储技术架构，在可信任的技术能力前提下，可以保护用户隐私和数据安全，使得数据应用更加透明、安全。在区块链技术的加持下，数字化应用具备防篡改、可追溯、可鉴权等重要的应用特性，构建全新的数据安全体系与数据协作机制，在保证数据应用能够跑通的前提下，还能兼顾达到数据系统所提供的信息可靠、可信的总体应用效果。

2. 价值逻辑不同

除了所使用的技术存在不同，从系统建设的过程看，数字化系统和信息化系统在业务功能设计方面所依赖的底层价值逻辑也具有差异。

传统的信息化系统的价值是经验驱动的。一般来说，业务先在线下场景中完成商业价值闭环，达到业务上的预期目标，之后，再结合线下业务的基本逻辑，融合相关业务经验，在线上的场景中进行业务活动的能力复制。信息化系统的建设工作总体上以过程为中心,参考了线下业务的过程流、信息流，通过信息系统和网络环境衔接不同的业务主体（人、财、物），提高业务的运行效率。

对于信息化系统来说，由于是先有业务，后有系统，因此系统建设需求以及系统预期效果是相对确定的。系统建设以经验为驱动，因此企业线下的业务水平决定了系统的能力"天花板"。业务专家在系统设计环节的价值显得十分重要。只要过程定义准确，与最佳解决方案的业务逻辑相对一致，系统建设就能取得相应的应用效果。

数字化时代下系统的价值是数据驱动的。系统所能达到的能力与数据的质量以及数据的应用方式密切相关，人与系统之间的数据交互过程得到格外的重视。数字化系统的价值来自通过数据分析和挖掘的技术手段，从数据资源中提炼出有价值的商业信息，从而对业务能力输出的质量以及企业的关键决策活动产生积极的作用和影响。

在构建数字化系统时，对数据模型的定义更多遵循面向对象的逻辑，而非面向过程的逻辑。在考虑数据价值时，系统的设计者往往从业务对象的特征属性出发，关注不同属性的数据取值背后的重要业务含义。数字化系统的应用价值，不仅取决于系统本身在使用过程方面的设计，在更大程度上依赖于数据资源的价值指标，如规模、质量、时效性等。因此，为了推动数字化系统的成功建设，通常还要配合同步有序开展数据治理项目。

3. 建设目标不同

在目标层，数字化系统和信息化系统是不同的。很多数字化转型的方法论都提到，信息化系统的目标是业务数据化，数字化系统的目标是业务数据化。除此以外，更突出的差别在于，信息化系统关注"效率"，做事逻辑不变，但是能通过电子化方式更快地完成任务；数字化系统更关注"效果"，用数据为人赋能或者干脆直接替代人，扩大既有的业务能力边界。

相比传统的信息化系统，数字化系统本质是一种增量思维的产物，不仅整个做事方式方法产生了创新，服务形式和商业模式也在产生变化。基于数据分析，人们可以从数据中发现新的问题、新的信息、新的知识、新的经验，人的业务能力得到互补和提升。通过数字化系统的建设工作，可以推动企业成为柔性组织、知识型组织、成长型组织，提高企业的机动性、创新性和综合的价值创造能力。

第 34 问
数据治理、数据管理、数据管控有什么不一样

在企业的数字化转型之路上，数据治理、数据管理以及数据管控这三个概念时常在交流实践中相互交织，导致了一定程度的混淆。然而，深入剖析后我们不难发现，它们各自承载着企业数据活动不同层面的关键职责，其语义内涵蕴含着鲜明的导向性。正确理解这三个概念，有助于我们在企业数据工作规划中建立起更加系统化、科学化的思维方式。

数据治理、数据管理、数据管控三者构成了一个数据活动的金字塔结构（见图28），数据治理在金字塔的最顶层，提供数据活动的总体工作方案和规划。

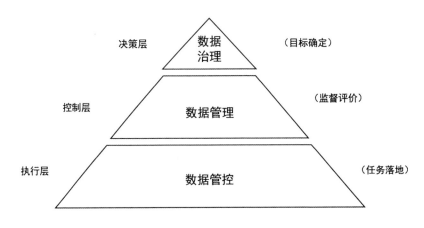

图 28 数据治理、数据管理、数据管控的关系

1. 数据治理

根据国际数据管理协会（DAMA）的定义：数据治理（Data Governance，DG）是对数据资产管理活动行使权力和控制的活动集合。根据国际数据治理研究所（DGI）给出的定义，数据治理是一个通过一系列信息相关的过程来实现决策权和职责分工的系统，这些过程按照达成共识的模型来执行，该模型描述了谁（Who）能根据什么信息，在什么时间（When）和情况（Where）下，用什么方法（How），采取什么行动（What）。

可以看出，数据治理是关于决策和方法的数据活动。数据治理强调通过创新性的变革，使企业的数据基础能力发生改变。对于数字化项目，数据治理通常由企业的数据治理部门发起并推行，目标是提升企业数据的价值。数据治理是企业实现数字化战略的重要基础，是企业数据管理活动的顶层设计和方法指导，强调面向特定的数据战略目标，定义和设计出企业中各团队应该做什么以及怎么做。

通过数据治理，企业通常可以实现数据质量提升的效果，提高数据资源的整体可用性和综合价值属性。数据治理一般是项目制的，有具体的目标和指标，还会涉及工作思路的提出和工作方法设计。与此同时，数据治理又是常态化的，企业的数据治理随着企业发展情况的变化而不断调整、迭代、深化。同样，企业的数据方法、数据责任、数据机制、数据标准也需要不断进行改进和完善。

2. 数据管理

基于数据治理的顶层规划，数据活动金字塔的下一层是数据管理。如果说数据治理是决策层的活动，那么数据管理则是管理层的活动，其目的是在已经确定了数据治理目标和数据活动规则基础上，持续监督和规范数据维护和使用行为，部署和安排具体的数据工作事项，同时对数据治理的效果进行考核与反馈。数据管理活动通常由企业的IT建设相关部门承担，即为企业的信息化部门或数字化部门。

数据管理的标准概念是DAMA发布的数据管理体系中提出的，是指规划、控制和提供数据资产，发挥数据资产的价值。2015年版本的DAMA数据体系中将数据管理活动划分为11个活动职能领域，分别为数据治理、数据架构、数据模型与设计、数据存储与操作、数据安全、数据集成与互操作性、文件和内容、参考数据和主数据、数据仓库和商务智能、元数据、数据质量。因此，广义上的数据管理也包括数据治理的工作内容。

数据治理是决策，数据管理是控制。数据管理活动面对的具体维度很多，既要面向数据对象进行管理，也要面向数据活动进行管理。数据管理的重点不在于机制的创新设计，而是在于使用管理工具推动数字化项目落地，保证数字化转型的质量和成效。值得注意的是，数据管理的真正核心在于人，建立企业的数据责任体系十分重要，如果不能将数据责任落实到部门、团队和个人，任何"先进"的方法和机制都无法有效落地。

3. 数据管控

数据管控位于数据活动金字塔的最下层，是支撑企业整体数据活动的底层基础性工作。数据管控向上"服从"于数据管理的要求，这体现在数据处理与应用的每一环节。数据管理的效果必须通过数据管控的具体操作来实现。数据管控属于企业数据活动的执行层。

聚焦于数据标准与制度的刚性实施，数据管控是理论与实践的桥梁，它在数据生命周期的每一个关键节点——从数据建模的蓝图绘制，到数据抽取的精准捕捉，再到数据处理、加工与深度分析的每一步——都巧妙地融入了检查、核验与确认的精细机制，犹如匠人雕琢，不断提升数据品质，并有效遏制潜在风险。

从管理视角审视，数据管控编织了一张细密的网络，覆盖企业的每一个角落，确保基层单位与人员能够准确无误地遵循总部策略，将政策精神转化为实际行动。其目标清晰，规则明确，不仅提升了数据管理任务的执行效率与考核标准，还巧妙融入了激励机制与责任追究。

数据管控可以依靠技术手段，在数据管理系统中通过规则或算法为用户数据管理和应用赋能，如提高数据交互效率、确认数据内容质量、识别数据应用风险、更正数据录入差错、补全数据属性遗漏、校验数据访问权限等。此外，从作用时间维度来看，数据管控还突出了对增量数据的管理和控制方面，可以在数据源头强化对数据质量的监管与把控。

第35问
什么是元数据管理

元数据是企业的重要数据类型,对元数据进行管理是企业在数字化转型中的重要工作。到底什么是元数据,元数据管理的主要工作方式和目标又是什么呢?

1. 元数据的定义

元数据是描述数据的数据,所有关于数据本身的特征、内涵、标准、管理活动以及使用方式的相关信息,都可以用元数据进行表示和记录。元数据一般大致可分为三类:业务元数据、技术元数据和操作元数据。

业务元数据的主要作用是描述数据的业务含义、业务规则等,同时也描述数据治理相关的详细信息。通过清晰、精准的描述,促进了企业内部对数据共识的形成,有效降低了沟通成本,规范了数据使用行为,为数据分析和应用构建了坚实的逻辑基础与模型支撑。

依据 DAMA 数据管理体系的精髓,业务元数据涵盖了从主题域、概念、实体到属性的全方位非技术性描述,包括它们的名称、定义、数据类型、独特特征(如取值范围、计算公式、业务逻辑算法)以及有效的阈值界定等。

技术元数据则是数据世界的技术蓝图,它精确绘制了数据的结构化定义与技术细节,包括数据存储系统、系统内外的数据流动路径等关键信息。在计算机语境下,技术元数据以物理数据库表名、字段属性、数据格式、压缩类型、物理模型、操作规则、ETL 作业详情及 SQL 脚本等形式呈现。

技术元数据可以同时服务于开发人员和业务人员。对于开发人员,技术元数据提供的数据存储和数据结构信息为系统应用开发和系统集成奠定重要基础;对于业务人员,技术元数据可以辅助梳理数据对象之间的关系,让业务人员快速查找目标数据,并对数据的来源和去向展开定向分析。图 29 展示了业务元数据和技术元数据之间的关系。

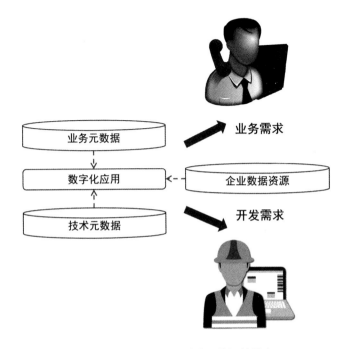

图 29　业务元数据和技术元数据的关系

　　操作元数据的主要作用是描述数据的操作属性,定义了处理和访问数据的活动细节。操作元数据可以为企业的数据安全管理提供重要的信息能力保障。常见的操作元数据包括数据的所有者、使用者、访问方式、访问时间、访问限制、访问权限、数据处理结果、数据处理日志以及数据归档相关信息等。

2. 元数据的管理目标

元数据管理活动主要有三个管理目标。

一是建立数据指标解释体系。对企业中的元数据进行采集和维护，通过元数据准确定义数据对象、数据对象关系、数据对象活动。元数据可以为数据提供业务上解释和技术上的定义，方便用户理解数据、使用数据，保证用户对企业的数据资源看得懂、取得到、用得准。同时，元数据可以帮助技术人员在统一的 IT 技术框架下完成数据交互任务的系统开发，保证系统中应用程序对数据流的准确传输和语义理解。

二是强化数据对象的溯源能力。元数据描述了数据与数据之间的关系，清晰描绘了数据在不同系统间及系统内部的流转路径。这一特性使得数据溯源成为可能，数据分析人员能够据此追溯数据变动的根源，为问题排查与决策制定提供有力支持。此外，它还为数据治理工作提供了宝贵的参考框架，助力企业聚焦核心权威数据源，从源头把控数据质量，进一步提升数据管理的精准度与效率。通过追踪数据传播路径，企业能够更科学地评估数据对业务的影响，精准预测数据变动趋势，从而优化数据资产管理策略。

三是健全数据风险管理机制。元数据在数据质量管理中扮演着关键角色，它明确了数据的信息质量标准，引导企业实施分类管理策略，结合报警与监控机制，实现对数据质量问题的主动识别与有效管控，显著提升数据的完整性与准确性。同时，依托操作元数据的深度分析能力，企业能够细致记录并分析数据访问行为，及时发现并预警异常操作与不合规使用现象，有效封堵数据管理漏洞，构建起坚实的数据安全防护网，全面提升数据安全管理水平。

3. 元数据的管理内容

企业的元数据管理体系构建需细致规划并涵盖以下几方面的内容。

（1）制度保障。企业高层管理者为元数据管理提供强有力的支持，并制定相应的规章制度进行保障。制度保障是元数据管理持续推进的重要工作动力。

（2）流程标准化。制定企业范围内数据的变更管理流程，保证信息系统内元数据及其相关内容的整体一致性与标准性。

（3）技术赋能。元数据管理离不开技术与工具的支持。合适的工具能让元数据管理更加轻松便捷。一个相对系统化的元数据管理工具包括以下功能模块。

元数据获取模块：采用自动化与人工辅助相结合的方式，高效收集各阶段的数据元信息，确保信息的全面性与准确性，为后续处理奠定坚实基础。

元数据存储模块：构建安全可靠的存储环境，用于集中存放元数据及元模型，保障数据的持久性与可访问性。

元数据功能模块：提供丰富的操作与分析工具，支持元数据的增删改查等基础管理，同时深度挖掘数据价值，如业务指标一致性校验、数据血缘追踪、影响分析等，助力企业精准把握数据资产状况，提升管理效能。

（4）运营维护。建立常态化的运营维护机制，定期从企业经营活动及业务系统中捕捉最新的元数据信息，实施系统化的管理与维护。利用适配器、扫描仪、网桥应用程序等先进工具，实现元数据的灵活采集与高效处理。同时，根据实际需求选择合适的扫描方式（专用接口或半专用接口），确保元数据存储库的全面性与时效性。

DAMA的数据管理体系指出，元数据的主要获取来源包括应用程序中的元数据存储库、业务术语表、BI工具、配置管理工具、数据字典、数据集成工具、数据库管理和系统目录、数据映射管理工具、数据质量工具、字典和目录、事件消息工具、建模工具和存储库、参考数据库、服务注册等。从不同渠道获取的元数据信息将采用元数据管理工具整合，进行统一建模和管理维护。

第36问
什么是主数据管理

在数字化企业中，主数据经常被看作是企业的核心数据资产。很多企业将主数据作为特殊的数据类型开展专项管理工作，定义专有的数据管理方法，开发垂直的数据管理工具，并对相应的数据管理活动进行持续的评价和优化。下面将对主数据的定义以及主数据管理的目标和内容进行介绍。

1. 主数据的定义

主数据（Master Data，MD）是指在系统之间进行共享的有关业务实体的数据。通过主数据描述的业务实体为数字化的业务交易过程和数据分析，提供了重要的上下文信息。常见的主数据包括：客户数据主要描述客户的基本信息、联系方式、兴趣偏好、信用等级、行为特征等；产品数据，主要描述产品的基本分类、参数规格、销售价格、供应商信息、功能特征等；供应商数据，主要描述供应商的工商信息、联系方式、地址信息、合同信息等；资产数据主要描述组织资产的类型、功能、状态、所有单位等；人员数据主要描述员工的个人信息、岗位职责、组织关系、工作履历、培训记录、绩效评估等。

主数据作为企业经营活动的基石，为交易数据赋予了关键性的基础信息支撑，极大地促进了业务数据的便捷查询、高效处理与实时监控。同时，它也是分析数据领域中不可或缺的统计分析维度，为数据的精准分组与深度分析提供了核心依据。元数据和参考数据则扮演着重要角色，通过标准化定义与规范，确保了主数据在不同系统间的无缝流通与操作一致性。

要深刻理解主数据的内涵，可以从关键性、共享性、稳定性这三个特性出发。

关键性是指主数据包含组织内最关键的业务实体信息，如组织、资产、供应商等，几乎贯穿于所有核心业务的数据处理流程之中。没有主数据，企业无法完成基本的在线事务处理操作。共享性是指主数据在组织内的多个部门、系统、业务主题、业务过程中被共享和使用，具有牵一发动全身的特殊地位；稳定性是指由于主数据对企业的数据活动影响很大，在一段相对较长的时间内，主数据应保持其内容的稳定与一致性，以支撑企业数据环境的稳定运行。与频繁变动的交易数据相比，主数据具有更长的生命周期和更低的变更频率。

2. 主数据的管理目标

优化主数据管理的核心在于精心构建的流程体系、高效整合的信息系统以及严谨的管理框架，这一综合策略旨在实现以下卓越的管理成效：

一是提升效率，通过统一数据标准并共享，减少系统间数据不一致导致的成本与障碍，确保关键数据访问的高效与准确；二是消除冗余，确保主数据在系统中唯一存储，避免重复积累，降低存储与管理成本；三是促进协同，打破部门壁垒，实现数据共享与业务融合，加强以主数据为核心的数据分析与应用创新，拓宽数据价值边界。

通过主数据管理成熟度模型，可以客观评价企业主数据管理的综合实践水平。IBM 提出的主数据评估模型包括 Level 0 到 Level 5，各层级介绍如下。

Level 0：没有实施任何主数据管理。在此阶段，企业各应用系统中的数据不进行任何形式的共享，每个系统独立维护各自的关键数据列表，整个企业缺乏统一的数据定义标准。

Level 1：提供列表。该阶段，企业通过手工方式维护一个逻辑或物理的列表来管理主数据。当不同系统需要主数据时，需访问该列表获取。这种高度依赖手工的列表管理方式在业务规则变化时易导致数据错误和质量问题，且维护成本高昂。

Level 2：同等访问。与 Level 1 相比，Level 2 引入了主数据的自动化管理方式，提高了管理和维护效率。在统一的数据标准基础上，各业务系统能够在线访问存储在主数据管理系统中的信息，实现主数据资源的共享。

Level 3：集中总线处理。相较于 Level 2，Level 3 实现了主数据的真正整合。企业中的主数据打破了组织维度的界限，各系统能够在统一的数据标准下建立和维护主数据，促进了数据的一致性和准确性。

Level 4：业务规则和政策支持。该阶段实现了主数据业务规则的集中管理，并与各类业务流程紧密集成。当某个业务系统变更主数据的基本信息时，总线系统通过与可信系统进行协商，确保该变更在企业范围内全局生效。

Level 5：企业数据集中。在此阶段，主数据与应用数据实现了无缝融合，两者不再有明显的分隔。所有应用系统均通过统一管理的主数据集成在一起，形成了一个集成、同步的主数据系统架构。当一个系统更新了主数据信息时，公司内的所有系统将实时反映这一变化。

3. 主数据管理的内容

主数据管理的主要工作内容包括：筹建主数据工作项目团队，确定主数据的项目目标和范围,制定主数据管理的相关项目计划;制定主数据标准体系,如数据标准、管理标准、服务标准等,之后基于这些标准对存量的主数据进行收集、清洗、整合,发布标准化的主数据信息;进行主数据管理平台建设,在平台上管理主数据模型,实现主数据的创建、变更、审核等基本内容运维功能,同时构建需对外提供的主数据变更、订阅、查询、同步、分发、通知等核心的技术服务;将主数据标准与现行业务融合,推动相应的业务流程变更,同时,将各业务系统与主数据管理平台进行集中对接,最终实现主数据在多个系统之间的共享和统一,为主数据的长效治理提供基础保障。主数据管理的功能体系如图30所示。

图30 主数据管理的功能体系

在构建主数据管理平台时,可以采用多种有效的技术架构,如集中式架构、分布式架构、注册中心架构及混合架构等。

在集中式架构中,所有的主数据都存储在一个中心数据库中。企业各业务系统通过API或其他集成技术访问和更新这个中心数据库。这种架构便于实现数据的一致性和标准化,但可能存在性能瓶颈和单点故障的风险。

在分布式架构中，主数据分布在多个数据库或系统中，这些数据库或系统可能位于不同的地理位置。数据通过数据集成技术（如 ETL 或消息队列）在各个节点之间同步。这种架构具有较高的可扩展性和容错能力，但实现数据的一致性和标准化较为复杂。

在注册中心架构中，主数据依然存储在各个业务系统中，而 MDM 平台只维护一个包含数据索引和映射关系的注册中心。这种架构避免了数据迁移和同步的复杂性，但需要实时查询和整合多个数据源，可能会影响数据访问的性能。

混合架构结合了集中式、分布式和注册中心架构的优点，能够满足企业的不同需求和场景。例如，关键和公共的主数据可以采用集中式存储和管理；而分散和敏感的主数据可以采用分布式存储和注册中心管理。

在对存量的主数据进行治理时，保证主数据内容的权威性是要考虑的关键因素。当企业中多个业务数据源都在使用主数据时，可以通过数据血缘分析的方式溯源到最上游的核心数据源，梳理主数据在系统环境中的信息流转路径，并以此为基础"对齐"不同业务系统所引用的主数据字段信息，保证各业务系统所引用主数据的准确性、可用性和一致性。

实体解析是指判断两个主数据实例是否代表同一个业务实体，例如，判断两套业务系统的不同编码体系下的供应商编号是否指代同一个物理上的供应商对象。实体解析可以通过规则匹配的方法自动确认，也可以采用线下人工确认审核的方式持续优化。在实体解析的基础上，可以对主数据的实例条目进行合并、去重，并对实体属性进行更新和拓展。

第 37 问
为何要构建数据标签和数据指标体系

数据分析是数字化转型过程中的核心任务之一,它通过对原始数据资料进行加工、汇总及信息提取,从而得出有价值的业务结论。在大多数情况下,原始的业务数据难以直接满足数据业务化的应用需求,因此必须通过深入的数据分析来实现企业数据要素的价值释放。

数据标签和数据指标,作为数据分析的重要产出形式,为数字化业务应用提供了关键的信息服务支撑,同时也是企业不可或缺的数据资产类型。在数据中台的建设过程中,数据标签和数据指标的计算与开发占据了相当大的工作量。

数据服务不仅支持对原始数据的访问,还涵盖了数据标签和数据指标的信息查询与同步功能。对于数字化企业而言,除了需要设计、定义及使用数据标签和数据指标外,更需对这些标签和指标进行统一、标准、一致且规范的管理与维护,即构建一个科学且实用的数据标签体系与数据指标体系。标签体系和指标体系的区别与联系如图 31 所示。

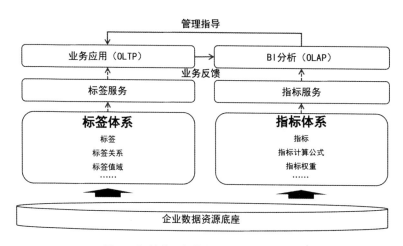

图 31 标签体系与指标体系的区别和联系

1. 标签体系

（1）数据标签。数据标签的主要功能是对现实世界中的客观业务对象进行数字化、结构化的描述，从而辅助业务人员和信息系统以数据的形式抽象、观察、理解并分析业务对象。与一般属性相比，标签的独特之处在于它不仅仅是原始数据值的直接反映，还可以是基于原始数据值经过加工处理的结果。

标签体系是企业针对自身数字化业务需求构建的一整套结构完整、规范统一的标签集合。该体系不仅定义了每个标签的具体含义，还明确了标签之间的组织结构和相互关系。具体而言，单个标签包含以下基本要素。

①标签名称：类似于对象的属性名，如客户姓名、客户年龄等，直接反映标签所描述的内容。

②标签定义：详细阐述标签的业务内涵，说明其在应用层面解决的具体问题，与特定的数字化应用场景紧密相连。

③标签取值规范：明确标签的值域范围，包括数值型（需指定取值范围和精度）、离散分类变量（需列出所有可选值及数量）、布尔型或对象型等。

（2）标签体系的结构。从组织结构上看，标签体系由多个标签树组成，每个标签树都是一个多层级、自成体系的分类结构，通常围绕特定的业务主体（如用户、供应商等）进行构建。标签在树状结构中逐级分类，从一级分类到最细分的类别，形成了清晰的业务逻辑层次。

这种分类方式不仅便于标签的管理、维护和检索，还能准确反映前端不同业务场景或功能需求下的数据应用。此外，标签之间还可能存在量化关系，通过业务逻辑计算可以推导出新标签的值，或不同对象的标签相互关联，指向共同的业务主体。

（3）主要应用。数据标签是数据中台上的重要数据资产，数据中台可以围绕数据标签资源为上层的业务应用系统提供标签服务，对指定的业务对象进行自动打标操作，同时基于对业务对象的标签标注结果，进行内容或产品的智能推荐，或触发特殊的业务事件。具体来看，数据标签的应用场景主要包括以下方面。

数据标签作为数据中台的重要数据资产，为上层业务应用系统提供了丰富的标签服务。这些服务包括但不限于：

①查询服务：利用数据标签作为查询条件，实现对业务对象的精准检索，如快速查找特定车辆的违章记录或学生课程完成情况。在查询任务时，不仅可以限定被查询的对象类型、身份标识，还可以限定被查询业务对象的数据标签维度。

②分析服务：将数据标签作为关键数据特征维度，用于数据宽表的多维分析（OLAP），如客户画像构建或企业财务分析，从而挖掘出更有价值的业务信息。

③圈选服务：在特定业务场景下，基于数据标签对目标对象进行筛选，作为后续事务处理或数据分析的前置步骤，如精准营销、地理围栏设置等。

④自动服务：基于数据标签为在线自动化事务提供决策支持，如在电商平台中结合用户行为标签和推荐算法实现精准推送。

2. 指标体系

（1）数据指标。数据指标是用于衡量、评估或描述某个系统、过程、产品、服务或组织在特定方面的量化信息。在企业的日常经营活动中，数据指标的应用场景极为广泛。企业通过各类数据采集系统获取原始的业务活动数据后，基于业务规则或数据模型进行指标计算，从而形成对业务对象或业务活动某一维度的客观评价。

与标签相比，数据指标主要用于数据分析和业务决策，为管理人员提供科学的参考数值，以满足企业管理方面的数字化需求。业务标签通常具有直观的业务含义，直接呈现结论性信息；而数据指标则既描述结论性信息，也关注过程性信息的说明，常与业务对象的特定行为活动紧密相关。

根据华为的数据体系框架，数据指标可分为原子指标和复合指标。原子指标是衡量某一客观事物的最基本单元，是整个指标体系的基础。它通过添加修饰词和维度来构建，这些修饰词和维度均来源于指标数据中的属性。复合指标则是由一个或多个原子指标通过叠加计算而成，其修饰词和维度均继承自原子指标，不能脱离原子指标产生新的修饰词和维度。

（2）指标体系的构建。数据指标体系是对业务对象的数据指标体系化的汇总，用来明确指标的口径、维度、指标取数逻辑等信息，并能指导管理者和运营者快速获取到指标的相关信息。在构建数据指标体系时，需要明确业务需求，从实际的业务目标出发，贴合具体的业务应用痛点。指标体系的建设并不是越全越好，指标的设置既要有针对性、科学性，又要有业务上的优先级顺序，不同指标之间的参考权重是不一样的。

指标体系的背后是特定的业务分析模型，可以有效衡量业务对象在某个方面的"综合表现"，指标体系一般由一整套指标的集合构成，指标与指标之间具有明显的层级组合关系。高层次的指标可以分解为低层次指标的加权汇总形式，高层次指标用于综合性的考核与评价，低层次指标用于指导具体的业务落地推进和过程优化。

（3）主要应用场景。数据指标的主要应用场景包括：

一是指导业务运营。数据指标在指导具体业务运营方面发挥着关键作用。企业需根据业务经营目标，定义支撑该目标的各项业务指标，并通过衡量这些指标来推动相关任务的具体实施进度。例如，在电商平台运营中，可构建包含UV（独立访客数）、PV（页面浏览量）、GMV（商品交易总额）、CTR（点击率）等一系列指标的运营指标体系，以监控平台、用户、产品等不同主题的基本信息，量化并跟踪企业的实时经营状态，进而有针对性地调整业务策略。

二是落地考核评价。这类指标主要用于衡量个人或组织的绩效表现。通过定义人力考核指标来评估业务责任主体的任务完成情况，并对相关人员实施奖惩措施，以确保企业政策和管理制度的有效落地执行。

三是跟踪事件动态。为了有效预测特殊事件的发生风险，企业需构建一系列指标来持续对业务对象进行定量评价和状态跟踪。例如，通过综合指标建模来持续评价企业的信用等级，以衡量其金融或商业违约风险。

四是支持综合决策。数据指标还可用于对企业在市场竞争力、管理水平、经营状况、信誉状况、发展前景等不同维度进行多层级的评价。这有助于企业的管理层或相关金融机构对企业综合能力水平进行系统评价，进而辅助公司战略制定及投融资等重大决策事项。

第 38 问
如何设计出有价值的数字化应用

企业在拥有数据资源后，接下来应聚焦于数据应用场景的建设。在构建数字化应用时需遵循一系列基本原则，以确保这些应用的实用性和价值性。优质的数字化应用不仅能对数字化转型工作产生正向的激励效应，还能有效验证数据管理制度的成效及数据治理工作的价值。

数字化应用，在多数情况下，被视为一种强大的工具，能够直接赋能企业的生产、运营、管理等关键环节。它们还可以作为数据服务嵌入到已成熟的信息系统中，进一步增强系统的功能性和效率。

从技术架构的角度来看，数字化应用通常自下而上地分为数据层、服务层、业务层和展示层等不同层级。每一层级在数字化项目的建设过程中都有其独特的考虑因素，数字化应用设计要点如图 32 所示。

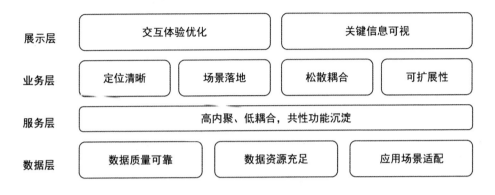

图 32　数字化应用设计要点

1. 数据层

数字化应用的基础在于数据层，它为整个应用体系提供坚实的数据资源支撑。数据库或数据仓库作为核心存储载体，承载着重要的业务数据与业务信息。数据层的规划与设计需综合考虑数据的规模、质量以及数据库的工作性能等关键因素。

首先，数据的规模直接影响到数据工具平台的价值。充足的数据资源是确保数据工具高效运作的基础。为此，数据工具需与相关业务系统紧密集成，实现数据的持续、稳定获取。数据源的拓展与整合至关重要，既要确保存量数据的高效集成，又要为增量数据设计定制化的同步引擎，以保证数据的实时性和准确性。

其次，数据质量同样不容忽视。完整、准确的数据是前端数据应用有效性的基石，能够显著降低数据使用风险，提升数据服务的用户满意度。通过实施数据治理工作，优化数据质量，是解决数据质量问题的关键管理手段。

若企业数据治理工作不力,数据工具的使用效果往往也会大打折扣。

再者,数据库的工作性能也是设计时需重点考虑的因素。根据数据应用类型及所依赖的数据资源类型,需选择合适的数据库管理系统。例如,对于结构化数据的常规事务处理,传统关系型数据库(如 MySQL)是首选;对于非结构化或半结构化数据的存储,文档数据库(如 MongoDB、CouchDB)更为适宜,它们能够支持复杂的数据结构,如 XML 或 JSON 格式的嵌套关系;若需快速进行查询检索,键值数据库(如 Memcached、Redis)则能提供高效的解决方案;而对于大规模数据的存储与处理,列式数据库(如 HBase)凭借其分布式存储能力,成为处理数十亿级数据的理想选择,常见于电商平台的内容服务数据和消息数据等大规模数据存储场景。

2. 服务层

服务层隔离了业务逻辑与底层数据资源,通过服务的形式对数据能力进行构建和管理。这种做法不仅提升了软件系统的开发效率,还降低了系统管理和维护的复杂性。对于大型 IT 系统而言,微服务架构是常见的选择,它允许系统中的任何业务功能都能通过一系列细粒度的基础服务组合而成,增强了系统的灵活性和可扩展性。

数字化工具所调用的数据服务通常源自数据中台,后者将数据服务作为核心的数据产品对外输出。当数字化工具独立构建数据服务时,随着技术的不断迭代、优化和稳定,这些针对特定应用新增的数据服务也会逐步沉淀到数据中台,以实现更广泛的数字能力共享。

3. 业务层

业务层的设计需根据工具的建设需求进行系统功能划分，采用多层级、多粒度的结构规划，这种划分会直接影响系统开发成本和周期的评估。

数字化工具的业务功能可大致划分为以下几类。

①数据查询：根据用户设定的条件，对数据对象进行精确或模糊的检索，满足用户对特定信息的获取需求。

②BI分析：用户通过不同的分析维度和模型，对数据集合进行深度处理，挖掘数据背后的业务洞察和价值。

③预测应用：基于观测到的数据信号，对关键业务事件进行自动或辅助预测，推动业务活动的智能化。

④内容校核：依据预设规则，对数据的真实性、完整性和有效性进行验证，优化数据质量，并审核数据背后的业务过程信息，支持风险管理和规范操作。

⑤规划决策：综合呈现业务数据指标或模型，辅助管理者基于关键数据进行精准的业务分析和决策，制定有效的发展规划。

业务功能设计应遵循以下基本原则：

①定位清晰：明确系统功能所解决的问题和预期达成的业务目标，确保数据类应用的新颖性和实用性。

②场景落地：确保业务功能设计符合实际业务场景的需求，与工具的使用条件和数据资源基础相匹配。

③避免重复：各功能应相互区分，避免重复开发造成资源浪费和用户困惑。

④松散耦合：减少功能模块间的依赖，降低耦合度，提高系统的独立性和可维护性。

⑤可扩展性：设计时应考虑未来可能的变更和性能提升需求，确保系统能够灵活地进行功能修改和持续优化。

4. 展示层

展示层涵盖了软件功能的交互设计与数据可视化展示两大方面。在交互设计方面,重点在于确保用户操作指令的顺畅传输(即信息输入),而在数据可视化方面,则聚焦于系统如何高效地向用户反馈数据结果(即信息输出)。

交互层的设计直接影响到用户对工具的使用体验,一个科学且友好的交互设计能够显著提升用户的使用积极性,加深工具的使用深度,并促进用户的积极反馈。在数字化应用的开发过程中,交互设计的地位日益凸显,它不仅是产品中心逻辑的具体体现,也是"以人为本"数字化建设理念的重要实践。

经典的交互设计原则包括但不限于六大定律:菲茨定律(指出软件控件的大小与点击区域应合理设置以优化点击效率)、希克定律(强调减少软件弹窗选项以提高决策速度)、7±2法则(建议选项卡数量控制在5~9个之间,以符合人类短期记忆能力)、接近法则(要求将相关信息在界面上布局相近以便用户理解)、防错原则(通过弹窗提示减少关键操作错误的发生)、复杂度守恒定律(在复杂度不可避免时,通过有效权衡利弊来优化交互设计)。

数据可视化则是将数据本身或基于数据的分析结果以图形化的方式展现,旨在直观传达数据背后的深层信息。图形相较于文字,具有更强的信息表达能力,使得数据可视化技术成为高效传达业务信息的关键手段。其设计原则应确保简洁性、直观性、可解释性、一致性、无歧义性,以及美观性,以助力用户更快速、准确地洞察业务现状,并从中发现关键事实和业务规律。

随着技术的发展,数据可视化已成为一个独立的数据科学分支,其图表形式丰富多样。结构化指标有条形图、直方图、饼图、折线图、散点图、气泡图、雷达图及组合图等;文本数据有词云图、主题河流图等;业务对象有网络图、桑基图、甘特图等;地理信息有2D或3D的GIS图、路线图等。结合数据可视化技术与交互设计,可以极大提升数字化工具的整体应用体验和成效。

第 39 问
如何理解云原生与业务上云

云原生（Cloud Native）作为一种新兴的技术体系，旨在通过集成容器、微服务、DevOps等先进技术赋能分布式系统以自动化、高可扩展性、高可用性等卓越的软件系统特性。它不仅是一种构建与运行应用程序的方法论，也是推动数字化应用创新的前沿思想。在这一框架下，开发者能够专注于前端业务功能的动态实现，而无需深入底层云计算技术的细枝末节，同时充分利用云平台的弹性与分布式优势，实现应用的快速部署、按需伸缩及不停机交付。

云原生的概念最初由Pivotal公司的Matt Stine于2013年提出，随后在2015年，云原生计算基金会（CNCF）正式成立，并初步将云原生界定为涵盖容器化封装、自动化管理以及面向微服务架构的三大支柱。至2017年，Matt Stine进一步将云原生架构的特性精炼为模块化、可观察性、可部署性、可测试性、可替换性以及可处理性的六大核心特质。而在当前，Pivotal官网[1]对云原生架构的概述聚焦于四个核心要点：DevOps、持续交付、微服务以及容器。

云原生的兴起，根源在于前端业务领域不断演变的数字化需求，这些需求要求技术体系能够快速、灵活地响应变化。而这一目标的实现，则深深依赖于一个统一、标准且强大的技术支撑平台——云计算。云计算的概念源自

---

[1] 注意，随着市场变化，公司名称或产品策略可能有所调整，此处信息为写作时最新。

分布式计算，其初衷是通过互联网环境将复杂的计算任务拆解为多个并行处理的小任务，从而提升整体处理效率。在数字化时代，云计算的内涵已大大拓展，它为企业提供了一种即需即用的数字技术服务模式，能够跨越不同业务场景，满足企业复杂多变的业务需求，并极大地促进了数据资源和技术资源的开放与共享。

1. 云原生的技术要点

云原生的技术要点主要包括以下几个方面。

（1）微服务：微服务架构是云原生环境中部署应用和服务的新技术。它将大型应用程序拆分成一系列小型、独立的服务，每个服务都运行在其独立的进程中，并通过轻量级的通信机制（如基于HTTP的RESTful API）相互交互。这种架构降低了服务间的耦合度，简化了系统的维护和扩展过程。当业务需求变化时，可以灵活地通过增加或减少服务来快速迭代功能，从而提高了系统的灵活性和响应速度。微服务架构还增强了系统的鲁棒性，因为某个服务的故障通常不会影响到其他服务的正常运行。此外，微服务架构还促进了并行开发，允许不同团队的工程师专注于各自的服务开发，提高了开发效率。

（2）容器：容器是微服务架构的基石，它是一种轻量级、可移植的虚拟化技术组件。在微服务架构中，容器为每个服务提供了独立的运行环境，确保服务之间的隔离性。Docker是当前最流行的容器引擎之一，它简化了容器的创建、部署和管理过程。基于云原生的软件应用可以动态地管理容器在虚拟机群（或容器编排平台如Kubernetes）中的部署，实现弹性扩展、故障恢复和自动重启等功能。

（3）DevOps：DevOps是一种高度自动化的开发、运维和质量保障的实践方法，它强调开发（Dev）和运维（Ops）之间的紧密合作与整合。DevOps的目标是实现快速、高效、可靠地交付软件产品和服务。在DevOps模式下，开发人员和运维人员共同负责应用程序的整个生命周期，包括开发、集成、测试、部署和监控等环节。DevOps不仅是一种技术实践，也是一种文化和组织方式，它推动了团队之间的沟通和协作，提高了软件交付的效率和质量。

（4）持续交付：持续交付是DevOps实践的核心之一，它关注从需求识别到产品部署到生产环境的整个流程中的需求流动和自动化。通过持续交付，开发团队可以确保软件产品能够持续、稳定地交付到生产环境，同时保持高质量和可靠性。在持续交付过程中，自动化工具和实践是关键要素，它们帮助团队提高构建、测试、部署等流程的效率和准确性。同时，反馈循环也是必不可少的，它允许团队及时了解软件产品的状态和问题，并快速进行修复和改进。

2. 业务上云

业务上云作为数字化产业应用视角下的云计算实践，是指企业在推进数字化转型的过程中，将传统的IT系统迁移至云端，并依托云计算的底层技术架构，重构信息系统的基础框架。这一转变旨在更好地满足企业在数据能力、IT能力、业务能力等方面的集中管理、统一调度及资源共享需求。

业务上云的方式与企业在构建数据中台和业务中台等数字化基础设施方面的需求相契合，通过微服务架构在云端的运用，不仅提升了系统功能的交付效率，还确保了系统对企业内外应用服务能力的灵活扩展。这一转型不仅是企业IT架构的重要变革，也是解决早期"烟囱式"系统建设所带来的资源冗余、数据孤岛等问题的有效途径。它促进了各业务条线数据链路的全面连接，实现了线上线下信息的全方位感知、识别、分析及追踪。业务上云的方式有利于推动企业存量信息系统能力的中台化转变,让企业的数据资源更加集中,技术资源更加协同,从而实现对前端数字化需求的响应更加敏捷高效,基于"云"架构的企业中台能力框架如图33所示。

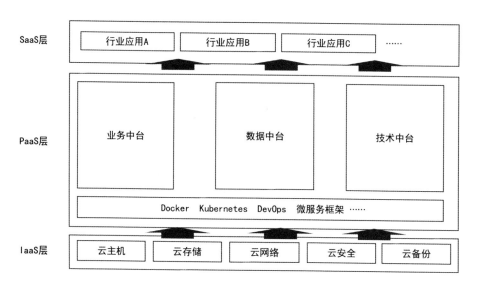

图33 基于"云"架构的企业中台能力框架

具体而言,业务上云为企业数字化变革带来了诸多益处:首先,它支持了移动化办公,使用户能够跨越地理界限访问企业资源,提高了远程协作的效率;其次,降低了IT系统运维的复杂度,增强了系统功能的灵活调整能力,提升了系统的稳健性;同时,便于集成先进的技术组件,优化成本投入,实现资源按需调配;再者,缩短了系统研发周期,加速了新功能的上线速度,更好地适应了不断变化的数字化应用需求。

展望未来,随着技术的不断进步,更多企业将选择业务上云作为改造旧有IT架构、推进数字化发展的新路径。一方面,对现有业务系统进行云迁移,优化资源配置;另一方面,运用云原生的软件构建方法,有序开发增量数字化系统或工具。在这一基于云的技术架构下,企业将能够更加动态、灵活且低成本地探索数字化应用的新领域,走出一条可靠、稳健且创新的数字化发展之路。

第 40 问
低代码是什么，为何对数字化转型尤为重要

传统的数字化开发流程涵盖了前端与后端两大核心部分。前端直接面向用户，负责呈现用户可直接操作的页面及其功能；而后端作为"幕后英雄"，隐藏于普通用户的视线之外，主要承担与前端交互的业务逻辑处理、数据存储及信息流管理。在这一过程中，软件工程师需与产品经理或商务人员紧密合作，通过深入理解客户的前端应用需求，不断迭代系统功能，并编写相应的代码逻辑来支撑这些业务功能的实现。

此过程不仅要求技术团队具备高度的专业性，对负责数字化系统整体交付的产品经理也提出了较高的综合素质要求。他们需要成为技术与非技术之间的沟通桥梁，将客户的模糊需求转化为清晰的技术指令，确保开发团队能够准确理解并实现客户的期望。

1. 低代码技术

低代码技术通过显著减少软件开发中的手写代码量，以尽量标准化的方式推进项目开发。它将通用的底层代码逻辑封装成标准化的技术组件，采用模块化拼接的方式快速构建数字化应用，从而减轻了软件工程师的重复劳动，并提高了应用开发效率。低代码平台使开发者能够跳过从零开始的全流程编码，转而通过图形化拖拽、配置参数等直观方式，快速完成部分重复性代码工作，进而大幅提升 IT 项目的工作效率。

低代码技术的核心优势主要体现在三个方面：一是减轻了工程师的重复性工作负担，降低了传统编码过程中的人为错误率，使工程师能更专注于解决复杂的代码逻辑问题；二是降低了项目开发的入门门槛，对于标准化的、复杂度较低的程序模块，用户甚至可借助低代码平台提供的工具进行自助开发，从而缩短了项目周期，降低了与技术团队的沟通成本；三是能够更精准地满足用户需求，用户可根据实际需求灵活选择并组合标准模块，快速构建出功能精简、无冗余的数字化微应用。

从技术实现路径来看，低代码技术可以按照以下四个维度进行简单划分（见图34）。

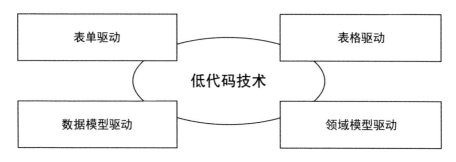

图34　低代码技术的技术实现路径

（1）表单驱动：该模式以表单数据为核心，通过系统内预设的业务流程对表单数据进行控制和分析。这种模式适用于数据结构相对简单、轻量级的业务处理场景。

（2）表格驱动：该模式以表格或关系型数据库的二维数据表为基础，结合工作流实现业务逻辑的流转。这种开发模式特别适用于需要处理 Excel 表格交互的业务信息系统。

（3）数据模型驱动：此模式基于业务数据的定义，将表单与业务流程以更抽象的形式展现。它通过数据模型确立业务间的逻辑关系，适用于处理大型企业或复杂业务的个性化解决方案，能够应对复杂的业务场景实现。

（4）领域模型驱动：该模式通过对业务领域进行全面拆解，将业务领域细分为核心子域、通用子域、支持子域等子领域，并对每个子域进行建模。它将实际问题抽象化，形成软件体系内的映射，为构建大型、复杂的软件系统提供了强有力的支持。

2. 低代码对数字化转型的意义

低代码技术在企业数字化转型中扮演着举足轻重的角色，其技术特性赋予了它以下四个方面的重要意义：

一是强大的场景搭建与快速应用能力。

低代码技术能够助力企业及个人用户迅速构建出个性化的应用场景，将业务逻辑构想转化为现实，并根据业务需求灵活调整程序模块，实现软件功能的快速迭代。例如，企业可借助低代码平台，依据市场细分和产品体系，打造覆盖售前、售中、售后全链条的业务管理系统。该系统通过模块化的方式，将产品信息、客户管理、支持性服务等流程灵活融入销售各环节，企业用户只需根据自身需求动态配置模块，即可灵活响应前端市场的变化。

二是提供高效的数据库直连能力。

数据库直连是低代码平台的核心功能之一，它简化了数据的接入、建模与访问过程。数据源接入支持外部数据库与低代码平台的对接，以及通过平台建立专属的内置数据库，满足不同开发需求。数据建模则利用可视化编辑器，帮助开发者轻松设定字段并自动生成数据模型逻辑。数据访问方面，平台通过组件或API实现数据的无缝连接与调用，提升数据处理效率。

三是提升生态系统建设能力。

低代码技术不仅是提升开发效率的工具，更是企业整合前沿信息技术、挖掘数字化业务场景的有力助手。以亚马逊的Honeycode平台为例，它可与

AWS 内置数据资源无缝集成，快速扩展外部工具，助力用户基于模板构建项目追踪、路线图、库存管理、线索追踪等企业管理功能，减少重复开发，打造个性化的办公生态系统。

四是强化业务处理能力。

低代码平台的核心价值在于赋能企业数字化业务需求，通过优化资源配置，提升工作效率。在销售业务领域，平台可建立数字化监测系统，实时跟踪订单、合同执行及库存情况，提供管理反馈，优化营销与产品策略。同时，在财务、人事、行政及项目管理等方面，低代码平台也能完善工作流程，增强部门间协同。

以 Mendix 为例，作为集成式低代码开发平台，Mendix 将业务流程设计与工作流模型融于一体，提供灵活的扩展能力，构建低门槛、高适应性的生态平台。其创新之处在于引入基于 DevOps 的 IT 项目运营模式，实现了开发与运维的深度融合，通过集中空间促进团队间的沟通与反馈，推动业务需求快速落地。

短期内，低代码降低了开发门槛与成本，优化了 IT 资源配置与人员结构。长期来看，它将与企业自主开发需求深度融合，推动数字化基础技术体系的构建与完善，将主营业务全面融入 IT 环节，提升企业整体的数字化实践水平。

因此，低代码的广泛应用要求企业管理者不仅精通业务，还需具备数字化表达能力。在数字化浪潮中，只有精准洞察用户需求，并以高效数字化手段响应，企业才能构建强大的核心竞争力。

第五章

数字化应用篇

第 41 问
"互联网 +" 属于数字化创新吗

在过去的二十年里，传统行业与互联网的深度融合推动了业务活动的广泛线上化，这已成为一个极为流行的商业趋势。在数字经济时代，人们关注数字化带来的产业变革机会，那么"互联网 +"和数字化是不是一回事？

1. "互联网 +"模式

"互联网 +"模式本质上强调的是业务经历线上化的深刻变革过程，这一过程从流程维度揭示了业务创新的路径，与数字化的概念紧密相连，可视为同一现象的不同侧面。它利用互联网技术的基因对传统业务进行重塑与升级，催生出新颖的业务模式，不仅重新整合了产业资源，还重新定义了供应链与消费者之间的关系，这正是"互联网 +"的独特魅力所在。

在"互联网 +"的演进过程中，业务形态确实发生了显著变化，业务能力也得以提升。然而，这一变化是否能被归类为数字化，关键在于"互联网 +"的业务形态是否由数据驱动，以及数据要素在整个业务价值链中是否占据核心地位。

早期的"互联网 +"驱动的业务创新，其核心逻辑在于连接——通过互联网连接人与人、人与商品、商品与商品，这种连接的增多意味着业务关系可能性的拓展。彼时，"互联网 +"企业多采用信息化手段进行业务升级。但随着时间推移，企业在连接过程中积累了海量数据资源，这些数据成为挖掘业务洞见、发现新机遇的宝贵财富。企业开始在这些数据中挖掘业务知识，优化业务模型，甚至衍生出具备智能化特征的产品和服务。这种基于数据的深度挖掘与应用的"互联网+"业务模式，才真正实现了数字化业务升级。

以电商为例，早期的电商业务通过线上化手段将用户选购产品的过程从实体店转移至线上平台，实现了业务信息的记录和沉淀。然而，这一阶段的电商并未实现真正的深度连接，因为它仅仅是将物理世界的购物过程迁移到了线上，尚未充分利用数据来影响用户的购买行为或增强用户黏性。随着数据应用的深入，电商企业开始利用数据分析来优化推荐算法、提升用户体验、增加用户互动，从而实现了向数字化业务升级的跨越。

2. 新"互联网+"模式

随着大数据技术的迅猛发展与广泛应用，电商企业的业务模式迎来了新一轮的升级与变革，数据资源在此过程中发挥了前所未有的商业价值。依托大数据技术，企业能够自动且精准地分析用户的购买偏好、购买频次、评论反馈等多维度数据，从而在平台上为用户精准推荐商品与内容，构建起用户与平台之间的双向互动——用户不仅能够主动选择商品，商品也能智能地找到潜在买家。

数字化创新的核心，在于有效解决了业务个性化的问题。在新"互联网+"模式下，借助大数据与人工智能的强大能力，企业能够通过产品推荐、定制化生产、内容自动生成等方式，精准满足用户多样化、不确定且高度个性化的长尾需求，极大地缓解了用户获取、维护与管理方面的业务挑战。

在新"互联网+"的模式中，连接仍然是非常重要的技术基因。但是与旧"互联网+"不同的地方在于，该连接变成了自动的、聪明的连接。更深层次来看，这背后不仅仅是依托于业务实体（人—组织—产品—资源）之间的连接，最根本的转变是实现了数据驱动的新业务模式。数据驱动不仅包括数据的连接（数据融合）、信息的连接（综合分析），以及知识的连接（建模应用），还包括整合和升级传统的管理模式，即从技术、管理、组织架构等层面进行企业的内部改革。

新"互联网+"模式可概括为实体连接+数据连接。在此模式下，连接仍然是至关重要的技术基石，但与传统"互联网+"相比，这种连接变得更加自动化、智能化。其深层含义在于，它超越了单纯基于业务实体（如人、组织、产品、资源）之间的连接，实现了以数据驱动为核心的新型业务模式。这种数据驱动不仅涵盖了数据的融合、信息的综合分析，还涉及知识的建模与应用，更促使企业从技术、管理、组织架构等多个维度进行全方位的内部改革。

以数据驱动为核心的连接，正是创新的源泉，也是业务升级的本质所在。与传统的业务流程不同，新"互联网+"模式充分利用了业务过程中积累的数据资产，运用大数据模型进行深度分析与预测，进而制定出更加精准有效的业务策略。"互联网+"与新"互联网+"模式对比如图35所示。

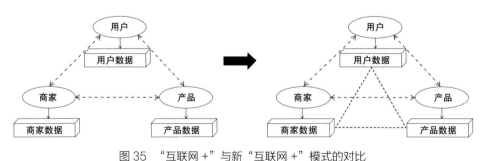

图35 "互联网+"与新"互联网+"模式的对比

3.Netflix 的新"互联网+"革命

Netflix 无疑是新"互联网+"时代的杰出典范，它成功实现了从传统互联网企业向数字化、智能化企业的华丽转身。这家起初以邮寄 DVD 起家的网络流媒体巨头，历经数次业务迭代与革新，生动展现了从数据积累到数据赋能的深刻转型之路。

相较于传统的互联网媒体和视频平台，这些平台往往侧重于内容分发，Netflix 则充分发挥了"连接"的潜力，将数据的影响力深远地拓展至需求端与生产端。在用户端，Netflix 运用大数据技术分析用户的观看行为，如暂停、快进、快退、主动搜索、浏览等，同时统计观看时段、时长、地点、设备类型及总体收视率等，构建出从宏观到微观的多维度数据画像，实现了用户个性化的极致体验，仿佛为每位用户打造了专属的"3300 万版本 Netflix"。而在生产端，这些数据又成为 Netflix 预测热门视频、动态调整推广与营销策略的宝贵依据。尤为值得一提的是，Netflix 高度重视自制内容，其数据驱动的业务策略使其能够迅速捕捉市场风向，灵活调整内容创作与分发策略。

在数据信息技术的浪潮推动下，"互联网+"企业的自然演进规律清晰可见：首先，利用互联网技术连接万物，积累海量数据；随后，依托数据培育出更加高效智能的互联网生态，实现各业务元素的互联互通与动态价值创造。这一过程从技术、战略到组织层面全面推动了企业的转型升级。

综上所述，随着产业从信息化向数字化的跨越，"互联网+"的内涵日益丰富。它与数字化之间既非简单的新旧更替，也非相互排斥，而是代表着两种并行不悖、相辅相成的业务升级路径。"互联网+"为数字化创新提供了重要的实践路径，而数字化赋予了"互联网+"更加高效、强大、智能的技术驱动力，共同推动了商业实践的深刻变革。

第42问
5G技术带来哪些创新应用机会

5G是继4G之后的第五代全球无线技术标准,其旨在显著提升数据传输速度、大幅降低通信延迟,并广泛支持各类用户终端设备。5G技术涵盖的三大核心场景包括:增强型移动宽带(Enhanced Mobile Broadband,eMBB),主要用于高速服务;超可靠低延迟通信(Ultra-Reliable Low-Latency Communications,uRLLC),适用于关键通信;大规模机器类通信(Massive Machine Type Communication,mMTC),一般支撑连接传感器和监控设备。

与4G相比,5G的下载峰值速率可高达20Gbps,是4G的20倍,同时能支持更多设备联网,并实现了低至1ms的超低延迟。5G不仅极大地提升了网络性能和速度,还推动了AR、VR、自动驾驶汽车等新兴智能科技领域的快速发展与普及。

5G技术的问世,能够显著降低通信成本、提高通信效率,并与现有技术深度融合,催生出新的产业发展机遇。总体而言,5G技术带动的相关产业可划分为三大类:一是以5G技术为核心的通信基础设施及上下游产业;二是终端设备类,包括终端设备的设计、生产制造及配套的业务场景解决方案;三是5G和信息服务与信息技术产业相融合形成的垂直领域创新应用,基于5G的低延时、高可靠特征,赋能相关行业产业升级。

1. 通信基础设施应用

(1)工业互联网:工业互联网是利用先进的互联网信息技术,对传统工业进行全面升级和变革的概念。在这一过程中，数据成为核心生产要素，通过人、机、物的全面互联，实现对数据的采集、传输、存储、分析，并形成智能化的反馈机制，从而构建出更为精细化、智能化的解决方案，进一步优化资源配置，提升生产效率和产品质量。

工业互联网是"智能制造"理念的重要应用场景，它通过平台化建设，打破行业间的信息壁垒，与具体的生产制造过程深度融合。5G技术以其毫秒级时延特性，为远程工业控制和生产信息的实时反馈提供了可能，实现了极低延迟的通信效果。此外，5G还通过增强的带宽支持工业级数据分析和物联网信息的高效感知与传输。同时，5G为大规模设备和终端的连接以及大范围传感信息的覆盖提供了坚实的通信保障。

借助5G技术，工业互联网将推动更多数字化应用场景的落地实施。例如，在智慧工厂的规划与建设中，5G技术能够助力将传统工厂的机械化和自动化设施升级为更加智能化的"终端互联"大系统、大平台。通过传感器和物联网技术，实时跟踪各生产环节的数据，并动态地向前端设施提供精准的控制反馈。此外，5G还可与数字孪生等技术相结合，实现数字化设计、测试等辅助工业决策支持活动。

（2）车联网：车联网是推动汽车智能化发展的关键技术手段，它通过通信技术、传感技术等手段实现终端设备与车辆的紧密连接。借助大数据、云计算、人工智能与机器学习等先进技术，车联网显著提升了车辆的信息处理能力。

在车联网技术体系中，5G技术占据核心地位。从技术功能层面看，5G为车辆信息的快速、稳定传输提供了坚实基础，支持实时地图更新、流媒体服务以及软件与固件的OTA（Over-the-Air）升级等功能。此外，5G的超低延迟特性对于自动驾驶、V2V（车对车）和V2I（车对基础设施）等交互场景的稳定运行至关重要。同时，车联网中的传感技术（如LiDAR、雷达、摄像头等）和定位系统（如GNSS、RTK等）的高效运行也离不开5G技术的支持。

在创新应用层面，5G技术为车联网带来了更多细分应用场景的创新与落地。例如，基于车辆的移动广告、高清流媒体播放、增强现实导航等功能不断涌现，为车联网行业孵化了丰富的商业模式。

2. 智能终端类应用

VR与AR作为智能终端设备的代表，不仅是数字经济创新发展的重要驱动力，也是人工智能、元宇宙等新兴应用场景的关键支撑技术，它们构建了现实世界与虚拟世界之间的桥梁。在VR、AR构建的虚拟世界中，用户能够体验到更加丰富多元的虚拟经济场景。然而，通信速度和通信质量一直是制约VR、AR技术发展的瓶颈之一，而这正是5G技术能够发挥重要作用的领域。

5G技术从技术和商业两个维度助力VR、AR的普及与应用。技术层面，5G网络提供的高带宽和低延迟特性确保了AR和VR应用的流畅运行，使复杂的3D图像和虚拟场景能够迅速加载和渲染，从而降低了用户的眩晕感。商业层面，5G技术的融合应用有助于解决VR、AR内容丰富度不足、实用性欠缺的问题，进而扩大受众群体，提升品牌认可度。随着5G在VR、AR产业的深入应用，虚拟内容的制作成本将降低，内容质量与用户体验将显著提升，为VR、AR产业开辟更广阔的商业发展空间。例如，在医疗领域，VR已被用于心理疾病的治疗、医护人员的模拟培训以及眼疾患者的康复辅助等。

3. 垂直领域类创新应用

（1）超高清视频：超高清视频包括4K超高清和8K超高清，后者分辨率高达7680像素×4320像素，是普通高清的16倍，同时拥有出色的亮度、色彩、帧率、色深、声道和采样率等特性，为用户带来极致的感官体验。超高清视频对移动网络速度有极高要求，通常需要15~18Mbps的传输比特率。

5G技术以其高速率、大容量和低时延的特性，成为超高清视频应用落地的核心技术支撑，也是该领域商业化发展的基础。一方面，5G技术的应用显著降低了超高清视频的生产成本，提升了内容、产品和服务的稳定性；另一方面，基于5G的超高清视频服务促进了内容生产端与需求端的协同，激发了更多的技术创新和产业机会。

以2021年美国橄榄球超级碗总决赛为例，该赛事首次采用5G毫米波上行链路进行内容传输。高通部署了79个5G毫米波小站，为现场十万观众提供了高达3Gbps的峰值下载速度，是4G LTE的20倍。整个赛事期间累计传输了4.5TB的数据流量，获得了良好的市场反响。未来，基于5G的超高清视频服务将与文化娱乐、影视、体育、教育、医疗、交通、家居、市政及城市管理等众多领域深度融合，创造更多应用场景和商业价值。

（2）无人机：传统无人机信息传输主要依赖微波点对点接力和卫星通信，这两种方式均存在明显局限性。微波传输需要大量站点，成本高且资源浪费；卫星通信则要求无人机具备高载重能力和使用专用天线，限制了其广泛应用。5G技术凭借其超高带宽、低时延和超高密度连接的优势，为无人机提供了稳定传输、远程控制、状态监控和精准定位等核心能力。这不仅提升了无人机的信息处理和信息传输效率，也为无人机产业开拓了新的发展方向。

目前，无人机已在物流运输、文娱直播、基础设施巡检、农林植保、地理测绘等多个领域得到广泛应用。展望未来，结合5G网络的大带宽和低时延特性，无人机将向基于远程实时控制的AI自主飞行技术方向发展。通过将感知信息上传至云端，AI算法能够智能判断障碍物并实现多机协同避让。相比本地化处理信息的方式，这种方法更加经济高效，能够处理更全面的信息维度，并有利于算法能力的统一升级。

第43问
人工智能到底可以做哪些事

2022年,ChatGPT的爆红再度掀起了人工智能的热潮,激发了公众对其"真功夫"的好奇,并促使人们深入反思AI对日常生活与工作的深远影响。自20世纪30年代图灵初步构想,至1956年达特茅斯会议正式确立AI概念以来,AI历经半个多世纪发展,如今取得了技术的飞跃。

1. 人工智能技术的发展特征

人工智能技术的发展特征显著,主要体现在以下两大方面。

(1)普适化趋势日益明显。腾讯在《腾讯人工智能白皮书》中提出的"泛在智能"概念,指的是人工智能将从仅有少数人了解和使用的高端前沿技术,逐渐朝着大众化、普世化的方向快速发展。这里的普适化发展有三个层面含义:

①技术门槛降低:随着各大互联网公司推出通用或行业特定的AI算法与模型,这些技术已能迅速融入各类业务场景,非技术型企业无需自建AI团队即可享受AI赋能,极大提升了数字化创新中的技术易用性和经济性。

②社会认知深化:人工智能的概念、知识及应用已广泛普及,并逐渐融入教育体系的不同层级。未来,掌握AI知识,运用AI技术解决日常学习、办公问题,提升个人业务能力,将成为职场人士与受教育者的核心学习方向。

③成为新型数字基建基石:人工智能以其高灵活性和强扩展性,与5G、云计算、大数据、物联网等数字基建技术深度融合,共同支撑数字经济时代

的产业创新，发挥着日益重要的基础性作用。

（2）产业融合加速，促进产业升级。人工智能展现出强大的产业融合能力，具体体现在：

①通用技术赋能：以机器学习和深度学习为核心的技术，具备高度通用性，能够在不同数据集上进行训练，满足跨行业的通用业务需求。

②个性化需求满足：基于大数据的动态增量模型训练和参数微调，人工智能大模型能够持续提升对特定领域业务处理的精度和深度，从而满足行业用户的个性化需求。这种自我进化能力，既构建了行业级的通用技术框架，又灵活应对了个性化应用场景的挑战。

综上所述，人工智能技术的普适化趋势与产业融合能力，正深刻改变着我们的生产生活方式，推动传统产业升级，催生新兴产业发展。

2. 人工智能的应用场景

人工智能的应用场景广泛，基于其技术发展趋势，可以总结归纳为感知识别、推理决策、内容生成与智能控制等几个核心方向。

（1）感知识别：这一领域涉及利用人工智能技术自动捕捉并解析业务环境中的信息，从纷繁复杂的原始数据中提炼出关键的业务情报，为后续的深入分析与综合决策提供支持。从某种角度而言，它模拟并超越了人类的听觉、视觉及触觉等感知能力。依据所处理的数据类型，感知识别可分为语音识别、文本识别及图像识别等子类。以图像识别为例，其中人脸识别与OCR（光学字符识别）技术尤为关键。

人脸识别：作为图像识别的一个重要分支，人脸识别技术依赖于机器学习算法来辨识并验证个体的生物特征。该过程始于面部图像的采集，随后通过预处理步骤（如灰度化、直方图均衡化、噪声抑制等）提升图像质量，进而实施人脸检测、特征抽取及与预存信息的比对匹配，最终判定被识别者的面部特征是否与预设身份信息相符。这一过程高度集成了计算机视觉、模式识别及机器学习等领域的先进技术。

目前，人脸识别技术已广泛应用于多个场景：在安防领域，它用于公共场所和特定机构的访客权限管理及可疑人员识别；在身份验证方面，助力设备解锁、金融验证等，实现便捷的无密码操作；在泛娱乐行业，通过照片标记、面部滤镜等增强社交应用的趣味性；在管理领域，则辅助考勤统计、网课出勤监控等。

OCR技术利用深度学习，将图像中的文字转化为可编辑格式，不仅限于印刷体，也支持手写文字识别，极大提升了信息处理的效率。其应用场景包括办公文档电子化、交易单据快速读取、车牌识别等，并可与智能翻译相结合，应用于翻译笔等设备。

（2）推理决策：推理决策基于系统信息，通过算法模型进行综合分析，预测未知业务属性或事件，辅助决策。它可结合数据驱动与经验知识，表现形式多样，如决策支持系统、专家系统、风险预警系统及推荐系统等，为各行业提供智能化服务。

（3）内容生成：AIGC利用生成对抗网络、预训练大模型等技术，生成文字、图片、音视频等内容，并支持跨类型转化。ChatGPT是AIGC的杰出代表，其应用范围广泛，包括娱乐内容创作、办公辅助等，显著提升了工作效率。

（4）智能控制：智能控制则基于环境感知与任务理解，指导机器设备自动执行操作，替代了人的部分物理行为功能。智能机器人作为智能控制的重要载体，已广泛应用于物流仓储、医疗手术、无人机、无人汽车等领域，通过融合人工智能技术，实现了高效、精准的自动化作业，解决了传统行业的诸多痛点。

第44问
AI 大模型到底有什么用

人工智能大模型是指依托深度学习技术构建规模庞大的神经网络模型，这类模型往往拥有数以亿计的参数，能够通过对海量数据的训练达到高精度的预测与推断能力。它们广泛应用于自然语言处理、计算机视觉、语音信号处理等多个领域。通过在大规模数据集上的预训练，这些模型积累了广泛的语言知识和理解能力，能够自动从输入数据中提取特征、学习语义关系，并生成逻辑清晰、上下文连贯的输出。与传统机器学习模型相比，人工智能大模型的核心优势在于其解决了 AI 的通用性问题。

人工智能的理论体系主要划分为三大流派：首先是符号主义，该流派主张将人类对事物的认知符号化、编码化，以此为基础让机器实现自动推理分析；其次是行为主义，该流派聚焦于机器与外部环境的交互，遵循"感知—动作"这一基本技术路径；最后是连接主义，起源于仿生学，其核心代表技术是基于人工神经网络模型的深度学习。

近年来，随着人工智能技术的飞速发展及其在各领域的深入应用，人们对不同 AI 技术流派的理解日益加深，同时也催生了新的思考：是否存在一种通用型的解决方案，能够覆盖多种类型的人工智能应用？或者，是否有可能让机器具备自主学习的能力？为了深入探究这些关于通用人工智能的思考与实践，我们首先需要了解两个关键概念：迁移学习和元学习。

1. 迁移学习与元学习

迁移学习（Transfer Learning）：迁移学习是一种重要的机器学习范式，

其核心在于首先在一个基础或原始任务上构建并训练模型，获得一组初始模型参数。随后，这些预训练的参数被用作新任务训练的起点，通过在新任务数据集上的进一步迭代优化，实现对特定任务场景的快速适应与参数调整。这一过程实现了模型参数的迁移，显著减少了从零开始训练新模型所需的时间和资源，是推动人工智能技术通用化发展的关键驱动力。

元学习（Meta Learning）：元学习的核心理念在于让机器学会如何学习，即通过从多个相似任务中抽象出通用的学习策略或元知识，使机器能够自动地适应新任务。与传统机器学习相比，元学习更加侧重于学习过程的本质与普适性。传统机器学习依赖于人为设定的参数和模型架构，通过输入数据进行训练；而元学习则首先通过训练一系列辅助模型来学习如何有效学习，获取一组超参数或学习算法，随后将这些知识应用于具体任务，实现更高效的参数调整和模型优化。元学习的超参数赋予了建模算法自动调整和优化自身的能力。

迁移学习与元学习在目标上高度一致，均旨在探索有效方法，以减轻面对新预测任务时的数据建模负担，使机器能够在有限甚至无标注数据的情况下，迅速满足实际需求。这些技术背后的基本逻辑在于利用已有知识（无论是模型参数还是学习策略）来加速对新任务的适应和学习过程，这一过程通常被称为预训练机制，它极大地提升了机器学习的效率和灵活性。

2. 基于预训练机制的大模型技术

预训练机制是大模型技术实现多样化功能的基础与先决条件，同时也是当前 AIGC 技术体系的核心所在。AIGC 旨在针对特定问答和交互任务，实现精确且智能化的内容生成。随着内容需求的日益复杂与丰富，大模型的训练对数据量和计算资源的需求也水涨船高。

预训练机制是大模型技术实现多样化功能的基础与先决条件，同时也是当前 AIGC 技术体系的核心所在。AIGC 旨在针对特定问答和交互任务，实现精确且智能化的内容生成。随着内容需求的日益复杂与丰富，大模型的训练对数据量和计算资源的需求也水涨船高。基于大模型的 AI 预训练建模机制如图 36 所示。

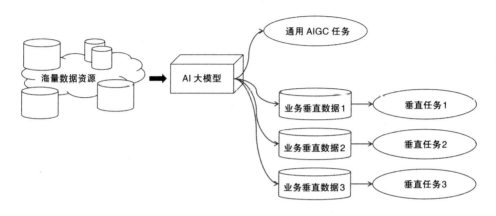

图 36 基于大模型的 AI 预训练建模机制

总体而言，大模型展现出三大显著的技术优势。

（1）通用性与复用性：借助业务的通用性特征，大模型实现了"一次开发，多场景应用"的灵活性，无论是模型本身还是数据资源均可高效复用。

（2）资源高效利用：在少量新增信息资源的支持下，大模型能够完成复杂智能化场景的创新应用。预训练方式显著减少了建模过程中对数据量和计算资源的新增需求。

（3）多模态数据融合：预训练模型促进了不同类型和格式数据资源的深度融合与转换，如文字与图像、音视频之间的互转，以及不同自然语言间的翻译，实现了信息的全面整合与关联。

人工智能的主要任务可大致划分为感知类与认知类两大类别。感知类任务涉及对外界环境信息的自动识别与处理；而认知类任务则在有效识别外界信息的基础上，依托强大的逻辑推理与本地化知识库，进行综合数据分析和结果输出，涵盖语言翻译、自动问答、内容推荐、搜索引擎、智能写作等多个应用领域。大模型在这两类任务中均显著提升了应用的基线能力，推动了整个人工智能领域的科技创新与发展。

大模型的成熟与普及，不仅增强了人工智能在感知与认知两方面的综合能力，还促进了机器思维"涌现（Emergence）"能力的形成。"涌现"作为技术概念，指的是初级功能经过非线性叠加后，产生更高级功能的现象。在大模型中，随着参数规模与训练数据量的不断增长，模型性能实现从"量变"到"质变"的飞跃。例如，在内容生成领域，初级 AIGC 模型仅能进行简单的文字仿写或基础问答，而经过充分训练的 AIGC 模型则能胜任编写程序、解决数学推理等复杂任务。

3. 国内外主流的 AI 大模型概览

（1）GPT系列：自2022年起，ChatGPT以其强大的功能席卷全球，成为AI领域的焦点。其底层技术逻辑并非直接利用爬虫技术获取数据，而是依赖于广泛的数据集，这些数据集通过收集并整合网络上的海量信息形成，随后被用于训练大模型，并通过持续的微调优化模型性能。ChatGPT是GPT系列模型成功商业化的典范。

① GPT-1：于 2018 年问世，以 Transformer 为架构基础，搭载了 1.17 亿参数和 5GB 的训练数据集。该模型引入的 Attention 机制显著增强了算法对信息的处理和理解能力。

② GPT-2：2019 年发布，未在技术逻辑上进行根本性升级，但显著增加了参数规模（达 15 亿）和训练数据量（40GB），进一步提升了模型性能。

③ GPT-3：2020 年登场，参数量飙升至 1750 亿，内容输出能力得到质的飞跃，广泛应用于语言翻译、聊天机器人、文本创作等多个领域。

④ GPT-4（ChatGPT 所用）：最新版本的 GPT 模型，不仅强化了多模态

输入能力，还具备了对视觉元素的分类、解析及隐含意义抽取的功能，推动了人机交互的边界。

（2）BERT（Bidirectional Encoder Representations from Transformers）：由微软于2018年推出，专注于NLP领域的Encoder应用。BERT通过双向编码技术，深度挖掘文本语义信息，为文本分类、知识抽取、智能检索等任务提供了强大的支持。与GPT系列不同，BERT更侧重于文本解析。

（3）DALL-E 2：由OpenAI开发，基于CLIP（Contrastive Language-Image Pre-training）技术，实现了"文字—图像"的自动转换。其"Prior"组件负责根据文本生成CLIP图像嵌入，而"Decoder"组件则利用这些嵌入生成图像。DALL-E 2作为跨模态大模型，展现了从文本到图像生成的强大能力。

国内主流大模型：包括阿里巴巴的通义千问、百度的文心一言、腾讯的混元、中国科学院自动化所的紫东太初以及华为的盘古大模型等。这些模型共同构建了国内AI大模型的生态体系，推动了智能化应用的广泛落地。

华为盘古大模型：其"5+N+X"的顶层能力规划尤为引人注目。其中，5代表五大基础大模型，涵盖NLP、CV、多模态、预测及科学计算等多个领域；N指针对政务、金融、制造、药物等行业定制的大模型；X则代表大模型在细分场景下的多样化应用。华为不仅提供标准化的大模型产品，还支持基于客户数据的定制化训练，同时采用分层创新模式，实现大模型与业务应用的灵活对接。

第45问
到底什么是云网融合

云网融合是指将云技术与网络通信技术相结合的技术体系，其中，云指的是通过虚拟化技术，使计算机的数据处理与数据传输能够摆脱对物理硬件设备的直接依赖；网则是指连接各类计算机设备并实现信息交换的基础通信技术。

1. 云网融合的基本概念

云网融合的概念可从两个维度来理解：一是网随云动，这主要体现了云对网络的需求，即任何数字化应用上云及其后续运营都需依赖于高效、可靠的网络支持，具体包括网络性能、可用性、智能性、适配能力和安全性这五个关键要素，这些共同构成了支撑云业务的基础网络层；二是网络云化，这指的是网络对云技术的采纳，通过集中化管理和虚拟化技术，确保电信级虚拟网元的安全、稳定、高效运行，为各类网络服务提供坚实的基础。

云网融合主要具备三大特点：一是一体化供给，将网络通信资源与云上资源深度融合，通过统一定义和编排，形成高度灵活的资源供给体系；二是一体化运营，打破云端与网络通信的传统独立管理模式，实现二者的协同运作，构建统一的技术系统；三是一体化服务，充分利用云端与网络通信的优势，实现客户需求的统一受理、跟进和交付，优化云上业务流程。

从技术架构层面来看，云网融合大致可以分为：基础层、云网资源层、能力层及应用层，如图37所示。

（1）基础层：以标准化、通用化的硬件为核心，由各级运营商构建的基础资源池，包括公有云、私有云、边缘云等，同时涵盖Underlay（物理底层网络）和Overlay（逻辑上层网络），共同构成云内及云间的网络基础设施。

（2）云网资源层：主要包含四个模块，一是以虚拟机（VM）和容器为核心的云资源；二是基于SDN（软件定义网络）、NFV（网络功能虚拟化）技术的网络资源；三是以各类芯片为支撑的算力资源；四是数据资源。

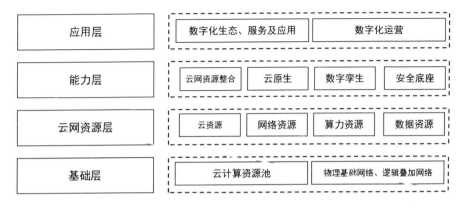

图 37 "云网融合"的技术架构

（3）能力层：作为云网融合架构的中间层，通过大数据、人工智能等技术连接底层基础设施，对云资源进行整合和编排，输出为可实际应用的能力。

（4）应用层：将基础能力转化为实际应用，对外赋能企业和各类应用，助力企业高效构建数字化生态，推动内部管理的数字化升级。

2.云网融合的技术优势

云网融合作为近年来在信息技术领域逐渐崭露头角的一种新技术，其融合了云计算与网络通信技术，为现代企业和组织带来了诸多显著优势，概述如下。

（1）资源优化：云计算能够动态、即时地调整计算资源，而网络通信则确保了信息的广泛覆盖。因此，云网融合能够高效实现资源的优化配置，即根据业务系统的实际需求迅速提供适当且快捷的计算能力与存储资源。

（2）灵活性和可扩展性：云网融合能够根据客户需求提供定制化服务，并具备高度的技术灵活性，可迅速调整 IT 资源配置以满足新业务需求。这一创新型基础设施支持快速部署新技术，无需大规模硬件投资，显著提升了 IT 环境的适应性。

（3）成本节约：相比传统 IT 架构，云网融合通常提供更经济高效的解决方案，降低了对物理服务器及专业技术团队的依赖。非技术密集型企业可借此机会将 IT 服务外包，从而更专注于核心业务。此外，其按需付费的服务模式增强了业务系统成本管理的灵活性。

（4）安全性：通过集中化管理与先进的安全策略（如加密、身份认证等），云网融合技术提供了强大的数据保护与网络安全能力。同时，该技术还能实现公有云的互联互通，整合分散的云资源池，集中保障数据通信的稳定性、网络服务的可靠性以及业务信息的隐私安全。

（5）无缝连接：云网融合技术为各类设备和应用提供了无缝的网络连接支持，确保了数据的高性能传输、高可访问性，以及业务流的连续性。

（6）绿色环保：通过优化资源利用和减少物理服务器的部署，云网融合有助于降低能源消耗，减少数字化应用的碳足迹，对环境保护具有积极意义。

3. 云网融合的应用赋能

从实际应用落地的方式来看，云网融合主要采用以下服务方式。

（1）连接模式：对于传统运营商来说，云网融合可以作为传统业务模式升级的方式，通过"云网融合"，运营商可以提供更加优质的网络和云连接的通道。这种模式实际上并没有改变运营商的业务本质，而是将云网融合作为一种提升服务质量的工具和手段。

（2）一体模式：通过整合网络、云和客户端的综合性服务，提供一体化的云网方案。例如，日本的运营商 NTT，借助其全球数据中心资源、VPN 网络，以及出色的 IT 服务，提供了一站式的云计算方案，使其在日本的云服务市场中稳占重要地位。

（3）生态模式：是以云网融合技术为基础，将更多内外服务和应用纳入到体系中，构建出平台化的云网融合生态。这种模式能够最大程度地整合不同企业内外的数字化核心资源，更好地挖掘对数字化应用开发和迭代升级的底层技术能力，实现对不同业务和不同行业的基础赋能。

目前，云网融合在部分前沿的通信技术领域中表现出了强劲的应用潜力。比如，通过云网融合可解决跨域通信问题的泛在连接，即针对通信网络实现全面的虚拟化和云部署，以解决目前普遍存在的跨网络系统协同低效等问题，更好地实现跨地域、跨空域、跨海域的交叉通信需求；再比如，利用云网融合架构可以打造支持一体化资源和信息管控的操作系统，以解决云网应用在底层设计（如硬件设备）上的非标准化问题痛点，形成更具通用性的系统能力。

未来，云网融合的演进趋势也可以从以下几个方面来看：技术方面，云网融合将继续加强技术的研究和开发，推动新一代技术的应用和普及，例如6G、边缘计算、人工智能等技术将成为云网融合的新风口；技术方面，云网融合的产品将更加智能化和定制化，可根据不同行业和企业的需求，提供更加专业和个性化的综合解决方案和服务；此外在应用方面，云网融合将更加深入地应用到各个行业和领域中，推动数字化转型和智能化升级，引领新的商业模式和价值链的重构。

第 46 问
如何理解数字碳中和

2020 年，我国在第 75 届联合国大会上明确提出，二氧化碳排放力争在 2030 年前达到峰值，并努力争取在 2060 年前实现碳中和。这一目标的提出，标志着"碳中和"概念正式在官方层面得到确立。碳中和旨在要求各经济体在一定时期内，通过能源替代、植树造林、节能减排等措施，抵消其产生的碳排放量，实现碳排放的平衡状态。

碳中和的提出，首要基于环境保护和生态可持续发展的需求，关乎人类生存发展的根本利益。据世界气象组织报告，全球平均温度已较工业化前水平高出1.2℃，且2011～2020年成为自1850年以来最暖的十年。因此，控制碳排放，延缓气候变暖，已刻不容缓。

同时，碳中和也是经济发展转型升级的必然需求。工业革命以来，经济发展严重依赖生产资料的大量投入，导致碳排放剧增和能源资源浪费。然而，随着技术和生产方式的变革，粗放式资源投入已不适应现代社会。因此，以碳中和为目标的精细化发展方式势在必行。

碳排放可以用茅恒等式来计算。茅恒等式是东京大学教授茅阳一提出的，用以量化二氧化碳排放量，计算公式如下：

$$CO_2 排放量 = GDP \times \left(\frac{能源消费}{GDP}\right) \times \left(\frac{CO_2 排放量}{能源消费}\right)$$

茅恒等式指出了碳中和的实现路径，即通过技术和管理手段，减少二氧化碳的排放量，同时，增加二氧化碳的吸收和捕获量（见图38）。数字碳中和就是利用数字化的手段和方法，优化企业经营和生产过程中的每个业务步骤和节点，从而实现碳中和减低排放和增加吸收的目标。

1. 数字碳中和

数字碳中和的解析与实践机会，可从流程维度与产业维度两大层面深入探讨。

从流程维度来看，数字碳中和旨在利用创新的数字技术手段，优化企业

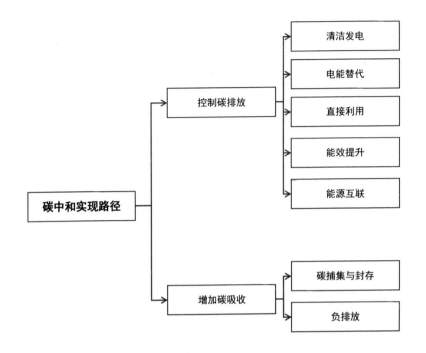

图38 碳中和的主要实现路径

的生产流程及模式,进而在生产与物资流通过程中削减碳排放。具体措施包括:促进智慧工厂的构建,部署标准化机器人生产系统,以提升工业生产的效率;广泛融合物联网与大数据技术,通过深度数据分析,制定能源效率最优化的解决方案;开发并应用先进的废物识别与回收平台,实现对生产剩余物料的精准管理。这一路径的优势显著:

首先,它确保了经济效益与减排效益的双重提升。在减少碳排放的同时,非但不影响企业的正常生产效率,反而因"数据 + 技术"的双重驱动,增强了企业生产活动的信息化与智能化水平,综合提升了企业的总体生产效率。

其次,它转变了传统以经验为主导的生产流程,转向数据驱动的模式。数字技术以数据价值的挖掘为核心,能够对生产活动进行动态、长期的监测,实时反馈的数据资料有效辅助数字系统、管理人员及决策者灵活调整生产计划与策略,以更好地适应市场变化与质量标准。

再者，数据驱动的生产流程也促进了生产技术的长远发展。以数字化为核心的生产方式，为生产数据的积累与技术经验的沉淀提供了强有力的平台支持，助力一线技术人员高效获取关键生产信息，并通过定期的生产活动复盘分析，持续推动低能耗生产技术的革新。

从产业维度来看，数字碳中和的技术与管理体系需与不同细分产业深度融合，以改造并优化各行业的生产流程。在我国，钢铁、建材、有色、石化、化工等行业作为高能耗产业的代表，具有显著共性：一方面，它们的基础性与联动性强，为上下游产业提供原料或服务，因此其碳排放具有显著的传导效应；另一方面，这些产业的中间环节复杂，环节间信息流通不畅，尚未形成完善的数据流通闭环。数字技术能够深入挖掘并洞察复杂生产活动中大数据背后的技术问题、流程问题及管理问题，为不同制造业的协同转型提供科学决策依据。

2. 智能电网赋能数字碳中和

智能电网作为数字碳中和的一个典型应用场景，正逐步展现出其巨大的潜力。电力行业作为高排放行业的代表，其碳排放量不容忽视。电网，特别是配电系统，作为电力传输的关键环节，其稳定性、安全性、传输效率及建造成本均直接影响能源的综合利用率。

智能电网，这一新型数字化电网系统，在发电、输电、变电、配电、用电及调度等各个环节深度融合了信息、通信和控制技术，实现了电网的信息化、自动化与高度交互性，确保了"电力流、信息流、业务流"三者之间的紧密、高效协同。

智能电网与传统电网相比，具有以下特点和优势：它利用大数据精准预测电力负荷，调节用户用电需求，降低能耗；支持电力双向流动，鼓励用户通过可再生能源发电回馈电网，减少碳排放；精细化管理增强了对新型能源的吸纳能力；全流程数字驱动管理体系则助力企业科学决策与管理优化。

我国在智能电网领域已奠定坚实基础并具备先发优势：技术方面，电网设备技术国际领先，广泛应用于大电网安全稳定控制、特高压输电等多个领域；产业链方面，上下游设备制造行业独立完整，市场竞争力强；市场方面，智能电网市场规模持续扩大，预计未来几年将保持快速增长态势。

数字化赋能碳中和主要通过以下三种途径实现。

（1）提升生产工艺：借助工业互联网等技术，实现生产过程的智能化控制，包括智能生产计划、设备实时监测、流程优化、高效调度及安全管理，同时结合业务质量提升与能源管理，降低能耗与材料消耗。

（2）设备管理智能化：采用数字孪生等前沿技术，对生产流程进行数字化映射，通过虚拟环境模拟生产流程，提出预测性优化方案，提高设备使用效率。

（3）碳排放直接监测与管理：通过实时监测与预测碳排放数据，及时反馈至后台系统，实现碳排放的实时监控、评价与有效干预。

综上所述，数字碳中和是企业面向数字化与碳中和目标，在技术与管理等多维度上的融合发展理念。这一理念在具体行业与应用场景中的落地实施，将推动形成技术先进、低碳环保、可持续发展的全新经营模式。

第47问
数字化在消费行业有哪些应用

在数字经济的浪潮下，消费行业发生了翻天覆地的变化，从20世纪90年代末首批电子商务公司诞生起，经过这么多年的发展，数字化目前已经融入消费领域的每个角落，持续催生并推动创新型消费业态的涌现。

这些新业态主要体现在两大方面：首先，它们以数字技术为核心，与既有的商业模式深度融合，创造出全新的商业逻辑与运营方式，并进一步衍生出相关的配套产业与增值服务；其次，依托于大数据技术，这些新业态能够自动挖掘并精准把握消费端的新需求，进而驱动全新产品形态与服务模式的设计与创新，不断推动市场向前发展。

1. 数字化消费的产业形态

（1）电子商务。电子商务的初始形态仅限于通过互联网平台连接卖家与买家，将销售与选购过程线上化，此举大幅削减了传统商业的中间环节，降低了卖家的房租、人工等成本。随着互联网信息技术的飞跃，电子商务逐渐分化出 B2C、C2C、B2B、O2O 等多种模式，呈现出百花齐放的态势。电子商务不仅限于网络购物，更在不断整合产业链的信息流、资金流、物流，逐步重塑传统销售行为的底层商业逻辑。

在技术应用层面，随着大数据、人工智能、云计算等技术的成熟与广泛应用，电子商务的平台化建设日益深化。依托丰富的用户数据资源，电子商务平台构建了完善的线上客户服务体系。同时，物联网与算法的介入，打通了销售端与物流端的信息壁垒，实现了商品物流信息的全程可视化，显著提升了销售企业的管理效率和服务质量。

在基础设施及配套建设层面，电子商务的迅猛发展也带动了以物流为核心的基础服务行业的变革。传统物流行业曾面临资金密集、管理粗放、信息不畅等问题，而今，物联网、大数据等技术的应用促使物流行业向精细化、差异化、品质化方向转型。电子商务的物流需求驱动了物流行业的细分化，如生鲜、冷链、鲜花等特殊运输服务的兴起，整体提升了物流行业的运营效率。

（2）数字化餐饮。餐饮行业作为大消费领域的基础且普遍的细分方向，具有刚性需求、场景化趋势明显、地域差异性大、服务标准化难度高、市场集中度低及人力密集等特点。数字化餐饮正是利用互联网、大数据等技术，精准解决行业痛点。

数字化餐饮通过多渠道连接线下门店，如手机扫码点餐、在线支付等，减轻了服务员的工作负担，降低了人力成本。同时，基于前端业务数据积累形成的用户画像，为餐饮企业的新菜品研发、市场营销、品牌策略等提供了精准、科学的决策依据。企业可根据用户数据调整菜品口味、优化服务，增强顾客黏性。此外，数字化技术还助力餐饮企业构建智能库存与供应链管理系统，实现食材物流的实时追踪与需求预测，降低了后端运营成本，提升了综合管理效率。

数字化餐饮还促进了周边细分业务的发展，如在线预订、综合点评系统，便于用户了解餐厅信息，促进餐饮企业在线营销与反馈收集。同时，外卖业务的兴起更是数字化餐饮的亮点，移动客户端结合大数据动态匹配机制，优化了送餐流程，提升了用户体验。餐饮行业的数字化能力体系如图39所示。

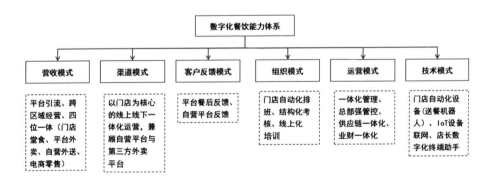

图39 餐饮行业的数字化能力体系

（3）即时零售。数字化技术推动消费行业深刻变革的又一重要领域是即时零售行业。从技术应用层面来说，前端借助数字化智能终端，实现了自助结账、无人售货、移动支付等功能；后端则通过定制化的 SaaS 系统，提供了用户数据管理、智能供应链管理、数字化营销、库存管理及智慧物流等面向零售门店的综合数字化运营管理支持，从而颠覆了传统即时零售业务分散化、非标化的产业格局。

在即时零售业务中，便利店是极具代表性的业态。传统便利店往往依赖创业者的个人能力和人际关系，缺乏系统化的经营模式及充足的资金支持，同时，也难以利用日常经营积累的业务数据资源进行科学管理。数字化技术的兴起深刻推动了便利店行业的变革与发展。依托专业化的信息平台，不同门店得以纳入统一管理框架，促进了便利店的连锁化进程，逐步构建起品牌优势。此外，通过专业业务系统的赋能，便利店能够与外卖等新型零售服务模式深度融合，不断挖掘并拓展行业的新价值点。

（4）生活服务类消费。数字化平台的不断发展，不仅加速了生活服务消费行为的线上化进程，还促进了服务形式的多元化以及企业管理方式的规范化。此类企业大致可划分为三类：一是以京东为代表的传统大型电商平台，它们依托原有的商品品类、物流体系及客户基础等先发优势，成功将日常生活服务线上化；二是以美团为代表的综合型生活服务类平台，这些企业起初专注于单一业务，后逐步扩展成为整合多项生活服务业务的大型综合平台，拥有成熟的用户服务体系；三是以天鹅到家为代表的垂直类生活服务商家，它们专注于某一大类生活服务产品，通过提供个性化、高品质的服务，构建了坚实的品牌壁垒。

生活服务类消费的数字化发展，提升了细分行业的整体效能与服务质量。对于需求端，服务的线上化带来了便捷的线上预订、支付及反馈机制，极大地改善了消费体验，同时，个性化、定制化的服务类目也更好地满足了消费者多元化的服务需求。而对于供给端，数字化技术的广泛应用则带来了标准化、流程化的管理模式，有效降低了订单纠纷风险及沟通成本，并助力企业深化服务人员培训，提升整体服务水平。

综上所述，数字化在消费领域的广泛应用不仅促进了传统产业的转型升级，还催生了众多新业态与新服务模式，极大地丰富了消费行业的生态体系。

2.数字化消费的主要特征

第一，数字化消费促进了消费者端行为模式、消费观念的转变。随着数字化的深入渗透，消费流程体验更加方便快捷，用户的消费观念和消费习惯也随之发生了巨大变化。现代消费者不仅追求更高质量的物质消费，还日益重视精神层面的满足。电子书、知识付费、数字产品等无形虚拟消费活动逐渐获得广泛接受。此外，消费者不再仅仅关注购物行为本身，而是越来越重视购物过程所带来的附加价值，如社交互动、身份认同以及与商家之间的良好沟通等。

第二，数字化消费向下沉市场渗透，带动周边产业发展。以农产品电商为代表的垂直电商平台正蓬勃兴起，它们借助直播间、公众号、短视频自媒体等新型数字化媒介，与当地旅游、教育等相关产业深度融合，共同促进周边产业的繁荣，形成了良性的经济生态循环，充分挖掘了乡村市场的发展潜力。

第三，数字化消费与实体产业深度融合。通过线上业务与实体经济的紧密结合，催生出了诸如"电商＋产业品牌""电商＋工业制造""电商＋乡村振兴""电商＋商品市场""电商＋商贸物流"等多种"电商＋"发展模式。这些模式充分发挥了电商平台的渠道赋能、服务赋能和信息赋能作用，有效促进了实体经济相关产业的全面发展。

第 48 问
数字化在医疗领域有哪些应用

医疗行业是数字化技术深入实践的关键领域,与其他行业相比,医疗行业具有十分显著的特殊性。首先,医疗行业不仅是经济活动的产物,更是社会福祉的重要组成部分。因此,在医疗产业的规划上,无论是政策监管层面,还是医药企业、医疗机构的内部管理,都需综合考虑经济、社会、伦理等多方面因素。其次,医疗行业兼具知识密集和资本密集的行业特征,具有较高的业务门槛,医疗科研人员、医护人员的培养周期长、投入大,医疗器械、医药的开发周期长、研发成本高,而与之不对称的是社会大众对医疗行业的深度认知有限。为了有效应对这些特殊性及内在矛盾,依托数据科学技术,推动医疗行业的数字化转型与变革显得尤为重要。

1. 数字化医疗的主要应用场景

数字化技术在医疗行业的应用场景主要在以下方面。

(1)病人管理医疗信息系统通过高效收集、整合、分析及传输病人的诊疗信息,集成了电子病历、体检报告、健康档案等关键资料。这不仅便于医患双方迅速获取医疗检验结果,还助力临床机构动态收集医疗病例信息,为医疗研究工作提供系统性支持,进而提升整体医疗水平。

(2)诊断决策:大数据与人工智能技术的融合,为医务人员提供了更为科学的诊断参考和决策依据。相较于传统医学诊断对临床经验和医学研究的依赖,大数据驱动的医疗案例库能够提供更精准的诊断参考,辅助医生做出更加准确的判断。

（3）便民服务：基于互联网的信息化服务平台，实现了患者在线挂号、预约、咨询、远程诊断、自我健康管理及电子病历、检测报告的在线获取等功能。这不仅优化了患者的就医体验，还通过对医疗大数据的监控分析，精准优化医疗资源配置。

（4）机构流程管理：数字化管理平台助力医疗机构优化内部流程，包括临床服务、财务管理、行政管理等，通过数据打通各科室间的信息壁垒，提升综合管理水平，促进医疗业务条线的高效协同。同时，数字化程序设计还能有效实现分级诊疗，提升医疗服务效率。

（5）互联：以居民医保为例，数字化医保信息平台实现了居民就医数据的线上化实时处理，连接了医疗机构、药店与监管部门，确保了医保业务数据的及时、动态、全流程处理与跟踪。

（6）内外监管：在监管体系中，数字化技术优化了医疗服务管理流程，提高了监管活动的有效性、准确性与安全性。通过沉淀的医疗数据，可以动态跟踪患者治疗过程、药品分发与使用、患者满意度及复诊情况等信息，使监管机构能够深入监控每个就诊环节，降低医疗事故与医疗纠纷的风险。

2. 数字化医疗的主要技术应用

数字化医疗系统主要包括医院管理信息系统和临床医疗管理信息系统，如图40所示。

（1）医院管理信息系统（Hospital Information System，HIS）。HIS是一个综合性的数字化平台管理系统，专为医院及相关医疗机构内部管理设计，将医疗信息、行政流程、财务、法务等中后台支持性服务整合于一个平台上，构建出完善的业务流程体系。

对于门诊流程，HIS能整合信息咨询、预约挂号、医生初步问诊、自主缴费、

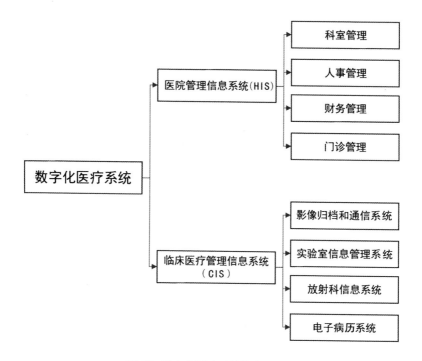

图 40 数字化医疗系统的主要分类

科室操作、药物领取等烦琐环节，形成高效的业务闭环。对于住院流程，HIS 通过在线信息交互，连接病人、手术医生、护士和辅助科室，优化转科、出入院、药物领用、物资调配、费用结算、医学影像领取、标本采集等流程，促进管理规范化，减少医疗纠纷，同时提升医护人员工作效率，降低患者负担。

HIS 系统以医疗机构的管理需求为核心，深度整合人员信息、财务信息、事务信息及物流信息，推动医疗机构现代化管理。随着数字化技术的发展，HIS 系统日益便捷、高效，有助于各层级医务工作者日常工作"提质增效"。

（2）临床医疗管理信息系统（Clinical Information System，CIS）。CIS 是一个专业性强、集成度高的医疗管理平台，利用数字化手段存储、获取、处理和使用临床信息，提供临床咨询、辅助诊疗、临床决策支持等功能，助力医护人员科学诊断、高效积累临床数据，优化治疗方案。

CIS 通过聚合不同子系统，实现临床信息的互联互通，CIS 整合了以下子系统。

①影像归档和通信系统（Picture Archiving and Communication Systems，PACS）。该系统专用于医疗机构影像科，保存、归档医学影像信息，便于医护人员快速调用。

②实验室信息管理系统（Laboratory Information Management System，LIMS）。该系统主要应用于医疗机构检验科，融合实验及检测设备与网络设施，支持样品信息录入、实验数据存取、报告审核、打印分发及实验数据统计分析，提升实验室管理效率和操作规范性，降低失误风险。

③放射科信息系统（Radiology Information System，RIS）。该系统一般与PACS协同工作，基于医疗机构影像科业务流，实现医学影像检验工作的数字化管理、信息传输及共享。

④电子病历（Electronic Medical Record，EMR）系统。该系统将传统病历数字化，通过电子设备实现患者信息的结构化储存、高效传输、分级管理及按需调用，解决纸质病历的分散化、易丢失问题，辅助医学诊断。

CIS与HIS相互协同，共同构建医疗机构的数字化管理体系。CIS侧重患者与临床数据，作用于实际诊疗操作；HIS则围绕医疗机构管理，支撑日常事务和行政流程。CIS因深入各科室、包含多样子系统，数据量大、资源需求高、操作门槛相对高，更适用于专业医护人员；而HIS则具有普适性和广泛性，适用于医疗机构普通工作人员。

（3）区域医疗卫生服务（Globe Medical Information Service，GMIS）。GMIS平台是整合社会医疗资源和服务的数字化医疗服务系统。它从医疗行业宏观管理需求出发，以HIS、CIS生成的基础数据资源为核心，实现各级医疗机构、监管机构、医药企业、保险机构等多方信息共享。GMIS平台的主要特点包括：

①利用大数据、人工智能等先进技术精准匹配医疗资源，优化资源配置，

提升医疗服务水平。

②构建信息与数据共享机制，增强对突发流行疾病、健康风险的预警能力，促进公共医疗卫生服务水平提升。

③为个人患者提供跨区域医疗咨询和会诊服务，增加就医选择，制定更灵活的综合治疗方案。

④通过医疗机构间的资源共享，加强医护人员培训、教育和实践，缓解区域间医疗资源不平衡问题。目前，我国医疗数字化正处于以 CIS 系统为主导的阶段，未来将进一步发展和普及 GMIS 系统，以解决医疗行业中的痛点问题。

（4）基于智能传感器的测量设备。数字化技术在医疗领域还广泛应用于辅助医疗场景，与具体诊疗、检测方式相结合，提升医疗诊断效率和便捷性。例如，基于传感器的数字血压检测仪，无需人工操作，通过高精度压力传感器自动测量和跟踪患者血压，实时传输至后台管理系统进行记录和综合诊断。此外，医疗传感器还可用于监控患者血氧、心电图等指标，拓展更多数字化健康管理应用。

第 49 问
数字化在制造业行业有哪些应用

制造业作为国民经济的重要支柱，不仅为社会提供了广泛的就业机会，还不断催生新的经济增长点。随着数字化浪潮的汹涌而至，传统制造业正面临全面转型升级的迫切需求。这一转型需求主要体现在以下三个方面。

一是对制造数据的采集与分析能力需求显著增强。在制造企业的日常运营中,需高效收集、深入分析、妥善储存并迅速传递海量数据,以优化制造工艺与流程。同时,企业还需紧密跟踪产品全生命周期的数据,确保能够基于市场反馈迅速调整生产策略,提升市场竞争力。

二是制造成本的持续上升促使企业追求精益生产。这一压力不仅源于上游原材料价格的剧烈波动,还包括人力成本的不断攀升,从人才的招募、选拔到培养与保留,均对企业构成了较大挑战。因此,通过数字化转型实现成本的有效控制成为企业的重要目标。

三是双碳目标及节能环保政策的实施给制造企业带来了新的压力与机遇。作为高耗能、高排放的行业,制造企业在追求经济效益的同时,必须积极响应国家双碳战略,降低能耗,实施绿色生产,以履行社会责任并提升企业形象。

在此背景下,数字化转型对于制造企业而言显得尤为重要。它不仅仅是将数字技术应用于原材料加工、生产工艺改进、生产流程优化、供应链及库存管理等领域,更是将数字化管理平台与策略深度融入企业的战略规划、组织架构及日常运营之中。

通过数字化转型,制造企业能够实现精细化运营,提升生产效率,减少原料浪费,增强供应链协作能力,并最终实现定制化与大规模生产的灵活结合,满足市场的多元化需求。下面从数字化工厂和工业互联网介绍制造企业的数字化转型典型场景应用。

1. 数字化工厂

数字化工厂按系统层次划分为三个层次:企业资源计划(ERP)和制造执行系统(MES)、设备自动化编程(EAP)。这一数字技术体系全面覆盖了从订单接收到执行落地的整个制造流程。

(1)企业资源计划系统。ERP 是一个集成企业日常经营管理活动的平台系统，涵盖会计、财务、采购、项目管理和供应链管理等核心功能。在制造业中，ERP还扩展至生产计划和调度、物料需求计划（MRP）、库存管理、产品生命周期管理、质量管理和特定供应链管理等细分领域。

（2）制造执行系统。MES是基于数字化信息平台，对工厂生产流程进行实时监控与管理的系统。它位于工厂制造活动的中间层，向下连接自动化设备（包括生产设备、仓库、运输等），向上对接规划与管理层（如生产计划、资源分配等）。MES作为桥梁，确保指令的有效传达与设备状态的及时反馈，形成自动化闭环控制。

（3）设备自动化编程系统。EAP与MES协同工作，负责验证产品数据、记录生产信息，并处理制造流程中的设备与环境参数。EAP为生产设备提供接口，实现集中管理与控制，保障生产线的连续稳定运行，同时减少时间与资源的浪费。其灵活性允许根据生产需求快速调整作业计划，减少人为错误，提升生产效率与产品质量。

基于上述架构，数字化工厂展现出五大优势：资源管理的标准化与制度化；生产过程的数据驱动与快速控制反馈；生产质量管理的精度提升与产品全生命周期管理；生产活动的柔性化与定制化增强；以及支持连续稳定生产，实现设备信息的实时监控。

2. 工业互联网

在数字化时代的制造业中，工业互联网作为底层技术支撑至关重要。如果说数字化工厂是制造业数字化的物理空间，那么工业互联网则是支撑这一空间的底层基础设施。它通过人、机器与物品的全面互联，构建了一个涵盖全产业链、全价值链的生产与服务体系。

工业互联网的构成主要包括网络、数据、平台和安全等基础要素：

（1）网络作为通信基础设施，在工业互联网中承担基础连接作用，确保数据与信息的高效传输。工业互联网网络体系分为内网和外网，利用工业总线、工业以太网、时间敏感网络、确定性网络及 5G 等通信技术，实现设备与系统的广泛互联。

（2）平台在工业互联网体系中扮演核心角色，基于大数据、云计算等先进技术，对生产制造数据进行汇聚、建模与分析，为各类数字化应用提供功能载体，是推动工业互联网发展的关键。

（3）数据作为工业互联网的核心内容，不仅是信息的载体，更是连接物理世界与数字世界的桥梁。通过对数据的分析、建模与处理，能够精准预测设备寿命、优化资源配置、协同生产活动，推动制造业向自动化、智能化升级。

（4）安全是工业互联网稳定运行的基本保障，涉及应用程序、平台、数据、网络、控制及设备等多个层面的安全管理与运营能力。

工业互联网对制造业数字化的推动作用体现在两个维度：

第一个维度是生产工艺、流程与管理的升级。工业互联网通过平台化设计、智能化制造、网络化协同、个性化定制、服务化延伸及数字化管理等手段，提升企业生产效率与柔性，深化产业链上下游协作，为制造业附加值服务奠定基础。

第二个维度是企业战略、组织结构及人力资源体系的变革。以数据为中心的管理体系要求制造业企业建立科学的战略目标与管理方法，依托工业互联网的快速反馈与智能分析能力，实现柔性生产，满足用户个性化需求。同时，推动人才结构向技术与市场并重的复合型人才转变，优化企业人才体系。

第50问
数字化在金融领域有哪些应用

金融行业不仅是关乎民众基本生活的普遍性行业，也是支撑其他各类行业发展的关键资源融通渠道。同时，金融行业作为强监管领域，具有较高的政策敏感性，其业务运营必须严格遵循国家和行业的监管规定，有效实施风险防控措施。金融行业的数字化转型正是对这一双重需求的精准回应，它顺应了金融市场多元化发展的客观规律，为市场经济价值的创造注入了新的活力和高效的运作模式。金融行业的数字化转型主要通过以下典型途径实现。

（1）业务流程数字化。数字化技术的飞速发展改变了金融领域传统信息录入和传递方式。智能业务终端系统和工具能够自动化处理业务审批、贷款审批等复杂流程；AI智能算法依托机器学习构建的预测模型，能够动态评估用户信用水平，并实时监控、有效管控异常交易行为；而后端数据处理系统则能自动捕捉海量交易数据，跟踪并分析市场整体金融行情动态。

（2）金融服务的便利化。从前端交互来看，移动应用、PC网站及自助终端的广泛应用，显著降低了用户前往实体金融机构的频率，有效缓解了网点服务压力。智能客服系统提供24小时不间断的金融业务信息查询和常见问题深度咨询服务，使用户能更便捷地掌握服务动态。同时，自助式服务的普及（涵盖自助开户、贷款申请、转账汇款、自助机具操作等）极大提升了用户的业务办理效率和体验。

（3）用户画像的精准化。通过深度融合应用人工智能、大数据和云计算等先进数据科学技术，金融行业能够更精确地描绘用户特征，自动识别用户行为模式，精准预测用户偏好，并科学评估用户信用及潜在业务风险。例如，通过分析用户在各类消费App的使用习惯、日常支付频率与金额、历史投资理财产品交易记录等信息，可以预测用户对特定类型金融产品的综合偏好，从而实现服务的个性化精准推送。

当前，数字化技术在金融行业已经具备相对成熟的应用场景，厦门从数字普惠金融、金融智能安全、金融数字服务三方面来进行介绍。

1. 数字化助力普惠金融发展

普惠金融的蓬勃发展，正以前所未有的力度推动着金融服务向更加便捷、高效、普及和可持续的方向迈进。它不仅惠及普罗大众，更成为广大中小企业及社会各界机构成长壮大的坚实后盾。然而，随着金融产品种类的日益繁多，普惠金融在深化服务的过程中也遭遇到了数据瓶颈的严峻挑战。

面对普惠金融受众群体的广泛性和差异性，用户数据呈现出分散、标准不一、真伪难辨的复杂局面。这迫切需要我们借助先进技术手段，从根本上打破数据壁垒，实现数据的全面整合与深度挖掘。金融机构在构建小微企业用户画像时，必须超越传统的征信与银行数据范畴，广泛吸纳工商、司法、海关等多领域的信息资源，以绘制出更加精准、细腻的企业画像。

数字普惠金融体系的建立，目的是打破数据孤岛，提升数据利用效率，降低数据获取成本，从而构建起一条畅通无阻的业务数据链路。通过打造"一站式"金融服务平台，我们能够实现普惠金融服务的多元化与便捷化，让用户在享受服务的过程中无需频繁跳转于各个平台之间。同时，这一平台还能将海量用户数据高效整合至金融机构后台，为精准营销与成本优化提供有力支撑。

更为重要的是，数字化普惠金融服务正逐步与实体产业深度融合，成为推动小微企业转型升级的重要力量。以福建宁德福鼎的"中国白茶之乡"为例，随着茶叶市场的持续升温，当地白茶产业链正加速向产品研发、市场营销与文旅融合等多元化方向发展。在这一过程中，数字化普惠金融平台以其独特的供应链金融服务模式，紧密整合了白茶产业各环节的资金需求，实现了资金的高效配置与灵活调度。这不仅有效缓解了中小微企业的融资难题，还为其提供了更加便捷、规范的资金管理方案，为白茶产业的持续繁荣注入了新的活力。

2. 数字化加强金融安全体系建设

随着数字化技术在金融行业的广泛应用，金融产品的服务日益多元化与便利化，但同时也带来了全新的挑战——金融安全问题。金融安全关乎货币资金融通过程中的安全性和稳定性，是金融服务与交易有序进行的基础。面对外部经济环境的变化和网络技术的双刃剑特性，诸如企业欺诈、洗钱活动、个人隐私侵犯及金融数据泄露等高风险行为层出不穷。因此，构建新的金融风险防范体系迫在眉睫，以应对日益隐蔽且复杂的金融犯罪。

数字化技术在反洗钱领域的应用尤为显著。该应用借助机器学习技术，自动挖掘并识别套现、赌博、地下钱庄等异常交易行为，精准捕捉交易相关人员、时间、地点及频率等关键信息。同时，通过持续跟踪用户交易风险的静态特征（如基本信息）与动态特征（如历史交易记录），综合评估用户身份与行为的安全性，实现风险的即时预警与有效管控。这一数字化反洗钱机制，满足了金融机构全流程、全周期的风险管理需求，对可疑案件进行自动化分析处理，显著提升了打击洗钱犯罪的力度与效率。

数字化技术在金融数据保护中的作用同样不可小觑。数据安全作为金融安全的核心，直接关系到金融交易的稳定运行。区块链技术以其点对点数据传输与分布式存储机制，确保了数据的真实性、不可篡改性，为金融交易信息的稳定传递提供了坚实保障。在供应链金融、跨境贸易、资金监管及常规商业银行业务等场景中,区块链作为底层关键技术,广泛应用于安全信息记录,有效提升了金融交易的安全性与透明度。

3. 数字化推动金融行业服务升级

数字化技术正深刻改变着金融行业的业务流程、组织架构、管理模式及运营策略,推动其整体能力实现质的飞跃。

智能客服系统,融合人工智能、机器学习、大数据等前沿技术,实现了语音与文本识别的智能化,以及全天候的自动回复功能。这一创新不仅简化了传统金融业务的处理流程,缩短了客户等待时间,还优化了客服资源配置,使人工客服能够专注于处理更复杂、个性化的客户需求,从而全面提升了客户服务质量。随着智能交互算法的持续优化,智能客服系统将能够解答更多样化、更深层次的客户问题。

智能投顾平台,则是将投资服务与人工智能、大数据、云计算等技术深度融合的典范。与传统以投资经理为核心的服务模式不同,智能投顾基于大数据分析算法,提供科学、中立、客观的投资建议与方案。同时,它能够根据用户的个性化信息与偏好,量身定制资产配置策略,极大地降低了金融投资业务的沟通成本与决策复杂性。智能投顾的广泛应用,正逐步重塑金融投资服务的格局。